A Short
Descriptive Grammar
of Middle High German
with *Texts and Vocabulary*

John A. Asher
Professor of German
in the University of Auckland

Published for the University of Auckland
by the Oxford University Press · 1967

PRINTED IN NEW ZEALAND
THE DOBBIE PRESS AUCKLAND

PREFACE

PART I OF THIS BOOK stands or falls by the four criteria on which it is based. First, it is descriptive, in so far as no reference is made (except briefly in the Introduction) to the history of High German prior to about 1170. Secondly, it is designed for students, and contains only what is essential for the understanding of those Middle High German texts most commonly studied. Thirdly, it is, I hope, lucid: the method of presentation has been tested and retested in every detail to ensure the utmost clarity. Fourthly, I would like to feel that it is reliable: twenty-five years of research and teaching in the Middle High German field have led me to accept what is found in the grammar-books only if it has been proved correct by checking against relevant manuscript readings.

These four criteria are related. The modern descriptive approach to linguistic analysis has unfortunately had as yet little effect on the teaching of medieval languages: by tradition, all Middle High German grammars are, in part at least, historical. Like most medievalists, I believe in teaching the history of the language, but I see little good in making description dependent upon history. No good teacher of a modern foreign language would follow such a procedure: he would only confuse his students by attempting to teach them from the same book not only the contemporary language but also aspects of its previous history over a thousand years or more. The same applies surely to medieval languages. The historical approach is one of the reasons why many students of Middle High German (at German as well as other universities) have, in my experience, an inadequate understanding of the language. Too much time is spent on historical grammar, and too little time on the language as it was spoken and written by Hartmann, Wolfram, Gottfried, Walther and their contemporaries. The historical approach is also one reason why students at some universities, regarding Middle High German as an arid subject *par excellence*, avoid it. The study of a foreign language should be exciting to the student. Taught descriptively, a medieval language is this. After all, the process of learning such a language non-historically — that is, at one point only in its evolution — brings the student close to the

3

minds of those who used the language at that time in their writing: the transience of Middle High German was never suspected by those who spoke and wrote it.

These comments do not imply opposition to the teaching of historical grammar. This subject is compulsory for my own senior students, but only after they have gained a thorough understanding of (normally) at least four languages, including contemporary German and Middle High German. Knowledge of these languages, based on descriptive grammar, is a necessary foundation for the study of historical grammar.

In this book Middle High German is described, as far as possible, in accordance with its own laws, and not those of previous history. This does not mean however that all traditional terminology has been discarded. Certain traditional terms, such as *Preterite-present* and even *Rückumlaut*, have been retained for three reasons: first, because the groups of verbs in question are distinct grammatical phenomena in Middle High German, and may therefore justifiably be named; secondly, because the traditional names are not wholly inappropriate; and thirdly, because students will encounter these terms, in any case, when they undertake the study of historical grammar. In such circumstances the invention, on my part, of new terminology could prove an unnecessary hindrance to students when, later, they embarked on historical grammar.

It is assumed that users of this book are already acquainted with the grammar of contemporary German. I see only advantages in making use of this knowledge in setting out the basic grammar of Middle High German. It is possible, where the structure of Middle High German and that of the present-day language are identical (and sometimes where they are closely similar), to provide the student with legitimate short-cuts to learning: he may, where appropriate, simply transfer to Middle High German the knowledge he has already gained of the language today. Comparisons with present-day German — including, for example, references to the modern counterparts of the various noun declensions — serve a similar purpose: the student understands more clearly by associating what is new to him with what he already knows. Such comparisons with present-day German are only pedagogical in purpose: if they convey information about historical grammar, this is incidental. Every effort — including, wherever possible, the most straightforward terminology — has been made towards the objectives of brevity and clarity.

There is as yet no book which treats Middle High German grammar in its entirety: this book, likewise, does not claim complete coverage. A truly complete grammar of a medieval language as rich in extant literature as Middle High German remains unattainable — even today, after a century and a half of research by a host of scholars. The manuscripts on which such a grammar would be based are — quite simply — too numerous and too diverse for a grammarian to cover. I would mention, as an example, one group of manuscripts only: those containing the *Weltchronik* of Rudolf von Ems. Of this poem, which comprises over 33,000 lines, there are more than eighty extant manuscripts and manuscript fragments (none of them published), and these present the widest diversity in language. Many points of grammar in the best of these manuscripts diverge from the rules of every known grammarian from Paul and Weinhold right up to the present day. These scholars cannot however be blamed for their failure to take into account the manuscripts of the *Weltchronik* for there are, of other works, literally thousands of other important manuscripts, likewise unpublished. A scholar's life is not long enough to consult them all, and a complete grammar of Middle High German remains a dream.

This being so, the author of a grammar-book on this subject must decide, at the outset, the criteria according to which he will include certain points of grammar, but exclude others. Most books give what is historically relevant (including artificial spellings invented by grammarians, e.g. *ë* as opposed to *e*), but most of the actual manuscript readings themselves are severely edited. To give two very simple examples only: the grammar of Paul/Mitzka gives, as the first person singular of the past indicative of *tuon*, only the forms *tët(e)* or *tet(e)*: no reference is made to forms, frequently occurring in reliable manuscripts, such as *ted, tett, thet, thett, thätte* and so on. Helm gives, as the past subjunctive of *suln*, only the one form *sölde*, whereas *solt, solte, sollte, solde, sölt, sölte, söllte* are all of common occurrence in reliable manuscripts.

The criterion according to which a given point of grammar is included in this book, or excluded from it, is its indispensability for the understanding of those Middle High German texts most commonly studied. No known points of grammar have been overlooked but many, after careful investigation, have been discarded. The detailed principles of Middle High German word-order, for example, have little relevance for a student wishing to understand a text. The perfective functions of the prefix *ge-* have, similarly, only marginal importance in a description of the language (as distinct from a historical grammar). The past participle of *hân* is excluded for similar reasons: while easily recognizable if found, it is so rare as to be

5

irrelevant in a book such as this. The claim, made by most grammarians, that the possessive *ir* (as distinct from other possessives) is normally uninflected, finds likewise no place here. If true, this 'rule' for *ir* (which is borne out in some critical editions, but not in all reliable manuscripts) would have little bearing on a student's understanding of Middle High German. The grammar in Part I provides what is *essential*.

I hope that this book will speed and ease the approach of students to Middle High German literature, the study of which is fast developing at many universities in the world. The texts in Part II (which provide the examples in Part I) are intended to illustrate the diversity and beauty of Middle High German poetry.

I owe thanks to Professor D. H. Green (Trinity College, Cambridge) and four Auckland colleagues, Professor K. J. Hollyman, Dr Kathryn Smits, Dr W. J. Kirkness and Dr A. C. Kirkness, who read the manuscript of this book before publication. Dr Smits also helped me a great deal in checking the manuscript, in the course of which she made a word-index of the texts. I am deeply in debt to all five colleagues for their many valuable suggestions and for their encouragement. I would also thank the printer for his patience and craftsmanship.

This book is dedicated to my father on the occasion of his seventy-fifth birthday.

6

CONTENTS

PART I GRAMMAR

INTRODUCTION

THE MAIN REASON for the study of Middle High German is its literature. Both in quality and diversity, Middle High German poetry is comparable with that produced by Goethe and his contemporaries, or that of the Elizabethan Age. Middle High German has also a special interest for students of medieval history, theology and language.

By the eighth century AD, High German had evolved south of a line which would run today from near Aix-la-Chapelle eastwards across Germany, and would pass close to Düsseldorf, Kassel, Magdeburg and Wittenberg. Dialects spoken north of this line, i.e. in the more low-lying part of German-speaking Europe, are known as 'Low' German. The earliest form of High German, which existed until about 1050, is given the name *Old High German*. The *Middle High German* period extends roughly from the middle of the eleventh century until the fifteenth, although its best known literary works, including *Parzival, Tristan und Isold*, the *Nibelungenlied* and the lyrics of Walther von der Vogelweide, all appeared between about 1190 and 1230. *New High German* dates from about the fifteenth century to the present day.

The terms Old, Middle and New High German are at least partly misleading. For example, some features which in the opinion of early philologists were characteristic of Old High German, as opposed to Middle High German, are found even in the thirteenth century — by which time certain forms, previously regarded as characteristic of New High German, had already made their appearance. The subdivision into Old, Middle and New High German is however traditional and convenient.

Printing was not in use until the fifteenth century, and our knowledge of Middle High German derives from manuscripts, of which there are still some thousands in existence. These manuscripts are our only source of information about the language: its spelling and pronunciation, its vocabulary and grammar. From these manuscripts it is clear that Middle High German was not a 'standard language'

9

in the modern sense of the term: every region had its own particular dialect. On the other hand, most poets endeavoured, in the late twelfth and early thirteenth centuries at least, to write in a uniform language: the poetry of Walther von der Vogelweide, for example, reveals only occasional traces of the dialect he used in everyday speech. *As used in this book, the term 'Middle High German' refers to the language of the major poets who wrote between about 1170 and 1250.*

The extant poetry of this time is 'courtly', in that the poets were themselves courtiers, their poetry was written for the courts they attended, and its content expressed the courtly ethos. As some poets travelled from one court to another, the striving towards a uniform language (never wholly achieved) is not surprising: the poets wished their writings to be understood as widely as possible.

Middle High German is, from many points of view, similar to present-day German. It has, for example, similar pronunciation, similar conjugations of weak, strong and irregular verbs, similar endings of articles, adjectives, pronouns and nouns (most of which have also the same gender as today). In the following pages these similarities are frequently used as short-cuts to learning.

1 PRONUNCIATION AND SPELLING

1.1 In general, the spelling of Middle High German conveys the pronunciation of the language more precisely than is the case with German spelling and pronunciation today. A simple example is seen in the spelling of Middle High German *lop, lobes,* where the *p* and *b* indicate the difference in pronunciation, present-day German having *b* for both sounds: *Lob, Lobes.* A further simple example is the letter *h,* which in Middle High German always conveys a sound, e.g. *gemahel* [gə'mahəl]. In present-day German *h* may, in some positions, indicate merely the length of the preceding vowel, e.g. *Gemahl,* or have no function at all, e.g. *Rhein.*

On the basis of evidence in manuscripts, the pronunciation of most Middle High German spellings has been fairly accurately established. The symbols of the International Phonetic Alphabet used in this chapter convey, with reasonable adequacy, the approximate pronunciation of the sounds in question.

As regards pronunciation and spelling, the following differences between Middle High German and the present-day language deserve mention:

1.2 VOWELS

1.2.1 LENGTH

1.2.1.1 The circumflex is a sign used by modern scholars to indicate a long vowel, e.g.

mînen ['miːnən]

1.2.1.2 Vowels without a circumflex are short, except for mutated long vowels (see **1.2.2**). Short vowels include those in stressed 'open' syllables (i.e. syllables ending in a vowel, e.g. the first syllable of *le-ben*), e.g.

leben ['lɛbən]

vogel ['fɔgəl]

11

1.2.2 MUTATION

Vowels and diphthongs which can be mutated, and their corresponding mutated form, are as follows:

UNMUTATED VOWEL	MUTATED VOWEL	EXAMPLE	PRONUNCIATION
a	*e* (or *ä*)	*geste*	[ˈgɛstə]
â	*æ*	*wænen*	[ˈvɛːnən]
o	*ö*	*hövesch*	[ˈhœfəʃ]
ô	*œ*	*hœre*	[ˈhøːrə]
u	*ü*	*küsse*	[ˈkʏsə]
û	*iu*	*triuwe*	[ˈtryːvə]
ou	*eu* (or *öu* or *öi*)	*vreude*	[ˈfrɔydə]
uo	*üe*	*füeze*	[ˈfyəsə]

1.2.3 DIPHTHONGS

Three diphthongal sounds no longer exist in standard German today: *ie, uo, üe*, e.g.

die	[diə]
guot	[guət]
füeze	[ˈfyəsə]

ou corresponds in pronunciation to present-day *au*, e.g.

ouch	[aux]

1.2.4 ELISION

In poetry (see **9**) an unstressed *-e* at the end of a word is elided when the first sound in the following word is an unstressed vowel, e.g.

> *noch wîzer danne* [dan] *ein snê*
> even whiter than snow

1.3 CONSONANTS

Where it corresponds to a modern *s, ss* or *ß, z* is pronounced [s], e.g. *daz* [das]. Otherwise the pronunciation is [ts], e.g. *zît* [tsiːt].

1.4 Students using this book may learn elsewhere other differences between Middle High German pronunciation and that of the language today, e.g. the pronunciation of *ei* as [ei], *ou* as [ou], and of *w* as [w]. The change of [ei] to [ai], [ou] to [au], and of [w] to [v], like certain other changes, is known to have been completed in the thirteenth century, but it cannot be more accurately dated from extant manuscripts. Either pronunciation is therefore acceptable.

1.5 PHONETIC TRANSCRIPTION

The phonetic transcription of the poem below conveys its approximate pronunciation:

'*Slâfest du, friedel ziere?* 'sla:fəst du 'friədəl 'tsiərə
man wecket uns leider schiere: man 'vɛkət ʊns 'laidər 'ʃiərə
ein vogellîn sô wol getân ain 'fɔgəli:n so: vɔl gə'ta:n
daz ist der linden an daz zwî das ɪst dɛr 'lɪndən an das tsvi:
  gegân.' gə'ga:n

'*Ich was vil sanfte entslâfen:* ɪç vas fɪl sanft ɛnt'sla:fən
nu rüefestu kint wâfen. nu 'ryəfəstu kɪnt 'va:fən
liep âne leit mac niht gesîn. liəp 'a:nə lait mak nɪçt gə'si:n
swaz du gebiutst, daz leiste ich, svas du gə'by:tst das laist ɪç
  friundîn mîn.' 'fry:ndi:n mi:n

Diu frouwe begunde weinen. dy 'frauvə bə'gʊndə 'vainən
'*du rîtst hinne und lâst mich eine.* du ri:tst hɪn ʊnd la:st mɪç 'ainə
wenne wilt du wider her zuo mir? 'vɛnə vɪlt du 'vɪdər hɛr tsuə mir
ôwê du füerst mîn fröide o:'ve: du fyərst mi:n 'frɔydə
  sament dir!' 'samənt dir

1.6 FLUCTUATION IN SPELLING

As pronunciation varied more than it does today (there being no authorities, such as dictionaries, fixing pronunciation and spelling, and no standard language in the modern sense of the term), Middle High German shows considerable fluctuation in spelling, e.g. *künic* or *künec*, *hinnan* or *hinnen*, *vreude* or *vröude* or *vröide*, *ouch* or *och*, *phlegen* or *pflegen*, *truoc* or *truog*, *lop* or *lob*, *mêr* or *mê*, *werlt* or *welt*, and so on.

f and *v* at the beginning of a word are interchangeable, e.g. *friunde* or *vriunde*, *für* or *vür*.

See also **4.6**, **5.1.2** and **6.2**.

2 *DER*; *EIN*; USE OF CASES

2.1 DEFINITE ARTICLE, DEMONSTRATIVE AND RELATIVE PRONOUN

2.1.1

	SINGULAR			PLURAL	
	M	F	N	M & F	N
NOM.	der	diu	daz	die	diu
ACC.	den	die	daz	die	diu
GEN.	des	der	des	der	der
DAT.	dem	der	dem	den	den

2.1.2   As in present-day German, demonstrative pronouns may be distinguished from relative pronouns by word-order (see **7**.3), e.g.

> Demonstrative: *der trouc diu ougen mîn*
> it deceived my eyes
>
> Relative: *der ie ein wârer degen schein*
> who always seemed a real warrior

See also **5**.3.1, **5**.6.

2.2 INDEFINITE ARTICLE

	M	F	N
N	ein	ein	ein
A	einen	eine	ein
G	eines	einer	eines
D	einem	einer	einem

2.3 POSSESSIVE ADJECTIVES

The following are usually declined in the singular like *ein* (see **2**.2): *mîn* my; *dîn* your; *sîn* his, its; *ir* her, its, their; *unser* our; *iuwer* your; *dehein* no, any; *kein* no. In the plural they usually follow the strong declension of adjectives (see **3**.2.2), e.g. *mîniu jâr*.

2.4 USE OF CASES

The use of cases is similar to that in present-day German. The most important difference is the wider use of the genitive:

2.4.1   Many verbs govern the genitive, e.g. *enbern, gedenken, hüeten, verdriezen*, e.g.

> *Hüetet wol der drîer*
> Take good care with the three

2.4.2 The 'Genitive of Reference' is widely used where present-day German would employ a preposition, e.g.

> *des ist zît*
> it is time for this

> *sîns gelückes vrô*
> glad at his success

2.4.3 The 'Partitive Genitive' depends on:

2.4.3.1 pronouns of quantity such as *vil, wênic,* e.g.

> *doch was der schanden alse vil*
> but there were so many shameful things

2.4.3.2 indefinite, negative and interrogative pronouns, such as *iht, niht, waz,* e.g.

> *hâst ab dû der zweier niht*
> but if you have not these two

> *Waz ich nu niuwer mære sage*
> What new tidings I now tell

3 ADJECTIVES AND ADVERBS

3.1 In the inflexion of adjectives and adverbs there is even more freedom than is the case with other parts of speech. To most points of grammar in this chapter, exceptions are commonplace.

3.2 ADJECTIVES

3.2.1 When they come after the definite article (see **2.**1) or *diser* (see **5.**3.2), attributive adjectives usually follow the weak declension.

WEAK DECLENSION
(identical with the weak declension of nouns, **4.**3)

	SINGULAR			PLURAL
	M	F	N	
N	*guote*	*guote*	*guote*	*guoten*
A	*guoten*	*guoten*	*guote*	*guoten*
G	*guoten*	*guoten*	*guoten*	*guoten*
D	*guoten*	*guoten*	*guoten*	*guoten*

e.g. *der guote man, diu endelôse herzenôt, daz leide vaz.*

3.2.2 When they come after any word other than the definite article or *diser*, attributive adjectives usually follow the strong declension.

STRONG DECLENSION
(similar to the article declensions, **2.**1.1 and **2.**2)

	SINGULAR			PLURAL	
	M	F	N	M & F	N
N	*guot(er)*	*guot(iu)*	*guot(ez)*	*guote*	*guotiu*
A	*guoten*	*guote*	*guot(ez)*	*guote*	*guotiu*
G	*guotes*	*guoter*	*guotes*	*guoter*	*guoter*
D	*guotem*	*guoter*	*guotem*	*guoten*	*guoten*

e.g. *ein guoter man, mîn liebiu vrowe, cleiniu juncvrouwelîn.*

3.2.3 Predicative adjectives are uninflected, e.g.

> *dîn leben ist guot*
> your life is good

3.3 ADVERBS

Most adverbs end in *-e*. Some adjectives and adverbs which are otherwise identical in form have a different stem vowel, e.g.

ADJECTIVE	ADVERB
enge	*ange*
schœne ·	*schône*
trœge	*trâge*
veste	*vaste*

This difference is because of mutation in the adjective (see **1.2.2**). The distinction is preserved today in *schön, schon*; *fest, fast* (despite the change of meaning in the two adverbs).

3.4 COMPARISON

3.4.1 The comparative and superlative of adjectives and adverbs are formed by the addition of *-er* and *-est* or *-ist*, e.g. *kreftic, kreftiger, kreftigest*. The stem vowel is mutated (see **1.2.2**) in the comparative and superlative of most monosyllabic adjectives, e.g. *grôz, grœzer, grœzest*.

3.4.2 The following are irregular:

3.4.2.1   ADJECTIVES

guot	*bezzer*	*be(zze)st*
übel	*wirser*	*wirs(es)t*
lützel	*minre*	*min(ne)st*
michel	*mêre*	*meist*

3.4.2.2   ADVERBS

wol	*baz*	*beste*
übele	*wirs*	*wirste*

4 NOUNS

4.1   Nouns may be classified, as in present-day German, into strong or weak declensions. Within the strong declension are one masculine type, two feminine types, and one neuter type. There is one weak declension for masculines, feminines and four neuters (the latter without -*n* in the accusative singular).

Most nouns have the same gender as today. This fact may assist the student in determining the declension to which a noun belongs.

4.2   STRONG DECLENSION

4.2.1   MASCULINE

4.2.1.1   Most masculines belong to this declension.

	SINGULAR	PLURAL
N	*tac*	*tage*
A	*tac*	*tage*
G	*tages*	*tage*
D	*tage*	*tagen*

4.2.1.2   As in present-day German, some strong masculines are mutated (see **1.2.2**) in the plural, e.g. *gast* (genitive singular *gastes*, nominative plural *geste*).

4.2.2   FEMININE

4.2.2.1   TYPE I

Most feminines belong either to this type or to the weak declension (see **4.3**).

	SINGULAR	PLURAL
N	*klage*	*klage*
A	*klage*	*klage*
G	*klage*	*klagen*
D	*klage*	*klagen*

4.2.2.2   TYPE II

	SINGULAR	PLURAL
N	*kraft*	*krefte*
A	*kraft*	*krefte*
G	*kraft* or *krefte*	*krefte*
D	*kraft* or *krefte*	*kreften*

4.2.3 NEUTER

Nearly all neuters belong to this declension.

	SINGULAR	PLURAL
N	*wort*	*wort*
A	*wort*	*wort*
G	*wortes*	*worte*
D	*worte*	*worten*

4.3 WEAK DECLENSION

To this declension belong numerous masculines, e.g. *bote*; feminines, e.g. *zunge*; and four neuters: *herze, ôre, ouge, wange*. The latter do not have -*n* in the accusative singular.

	SINGULAR	PLURAL
N	*bote*	*boten*
A	*boten*	*boten*
G	*boten*	*boten*
D	*boten*	*boten*

4.4 NOTES ON DECLENSIONS

4.4.1 STRONG MASCULINES AND NEUTERS

4.4.1.1 A few strong masculines and neuters end in -*e* in the nominative singular, e.g. *hirte* (G sing. *hirtes*, N plur. *hirte*).

4.4.1.2 A few strong masculines and neuters add -*w*- to the stem of all inflected forms, e.g. *klê* (G sing. *klêwes*, N plur. *klêwe*).

4.4.1.3 A few neuters are declined, with mutation in the plural, like the *Kalb*-type in present-day German, e.g. *kalp* (*kalbes, kelber*), *huon* (*huones, hüener*).

4.4.2 FEMININES

4.4.2.1 A few strong feminines of Type I end in a consonant, e.g. *zal* (*zal, zal*).

4.4.2.2 A large group of feminines, e.g. *vrowe, erde*, may be inflected according to either the strong or the weak declension.

4.4.3 *vater, muoter, bruoder, tohter*

vater, muoter, bruoder, tohter belong to a special declension: they are uninflected in the singular, and mutated in the plural, e.g. singular, N A G D *muoter*; plural, N A G *müeter*, D *müetern*. Hence *Väter, Mütter, Brüder, Töchter* today.

4.4.4 *man*

man either follows the strong declension, or is invariable in all cases, singular and plural. Hence the lack of inflexion today in such phrases as *zweitausend Mann*.

4.5 NOUN DECLENSIONS TODAY

The *Tag*, *Gast*, *Kraft*, and *Bote* declension-types of today correspond to those in Middle High German: **4.2.1.1**, **4.2.1.2**, **4.2.2.2** and **4.3**. The *Klage*-type declension of today corresponds in the singular to the strong feminine declension (**4.2.2.1**), and in the plural to the weak feminine declension (**4.3**).

4.6 LOSS OF E

An unstressed *e* [ə] may, for metrical or other reasons, disappear in most positions, e.g. *tag(e)*, *herz(e)*, *red(e)*, *künicrîch(e)*, *dien(e)stes*, *g(e)nâde*. The loss of unstressed *e* is especially common in inflexions after *l* and *r*, e.g. *gabel(e)*, *her(re)*, *winter(e)s*.

The loss of [ə] is not confined to nouns, but may occur in all parts of speech, including articles, e.g. *ein(e)s*; possessives, e.g. *sîn(e)s*; adjectives, e.g. *schœn(e)*, *schœn(e)ste*; adverbs, e.g. *reht(e)*; pronouns, e.g. *im(e)*, *(e)s*; prepositions, e.g. *z(e)*, *mit(e)*; verbs, e.g. *wæn(e)*, *möht(e)*, *spil(e)n*, *sih(e)t*, *tag(e)t(e)*, *wart(et)e*, *b(e)lîben*; and the negative *(e)n-* or *-n(e)*, e.g. *ichn(e)*.

See also **5.1.2** and **6.2**.

5 PRONOUNS

5.1 PERSONAL PRONOUNS

5.1.1 DECLENSION

	SINGULAR	PLURAL
N	*ich*	*wir*
A	*mich*	*uns*
G	*mîn*	*unser*
D	*mir*	*uns*
N	*du*	*ir*
A	*dich*	*iuch*
G	*dîn*	*iuwer*
D	*dir*	*iu*

	M	F	N	
N	*er*	*si(e)*	*ez*	*si(e)*
A	*in*	*si(e)*	*ez*	*si(e)*
G	*sîn*	*ir*	*es* or *sîn*	*ir*
D	*im(e)*	*ir*	*im(e)*	*in*

5.1.2 CONTRACTION

Personal pronouns and other parts of speech are sometimes contracted, not only through the loss of *e* (see **4.6** and **6.2**) e.g. *do er* or *do'r, du ez* or *duz*, but also through the loss of other sounds, e.g. *die ich* or *diech, ich in* or *ichn, ichne* or *ine, ich ez* or *i'z*.

5.1.3 OMISSION

A verb normally requires a subject, whether noun or pronoun, but occasionally a pronoun subject is omitted, e.g.

> *wan maht och mir ein lützel fröiden geben?*
> why can *you* not give me too a little joy?

5.1.4 *ir; du*

ir, referring to only one person, is most frequently found in a polite context (in a conversation between, for example, acquaintances). *du* is most frequently used in an intimate context (to address, for example, God, a close relative, or a lover). There are however no clear rules for the use of the two pronouns: *ir* and *du* may be used even in the same poem, by the same speaker, in addressing the same person, and with only a subtle change in attitude implied. (See, for example, p.42, Poem 12, lines 33–35).

5.1.5 REFLEXIVES

	SINGULAR			PLURAL
	M	F	N	
A	*sich*	*sich*	*sich*	*sich*
G	*sîn*	*ir*	*sîn*	*ir*
D	*im(e)*	*ir*	*im(e)*	*in*

e.g.   *er bat im trinken bringen*
he asked for a drink to be brought to him

5.2   *dâ*; *dar*

Forms such as *dâ an*, *dâ inne*, *dâ von*, *dâ vor*, *dar an*, *dar in*, *dar nâch*, *dar ûf*, *dar under*, *dar vür*, *dar zuo* are rarely joined together as in present-day German. They can be even widely separated within a sentence, e.g.

> *dâ enwære dehein zwîvel an*
> there was no doubt of this

5.3   DEMONSTRATIVES

5.3.1 The demonstrative pronoun and adjective most frequently used is *der*, *diu*, *daz* (see **2.1**).

5.3.2 *diser*, *disiu*, *diz* are inflected according to the strong declension of adjectives (see **3.2.2**). A very common alternative form of *diser* is *dirre*. The neuter nominative and accusative singular may be spelt *diz*, *ditz* or *ditze*.

5.4   INTERROGATIVE PRONOUNS

	M & F	N
N	*wer*	*waz*
A	*wen*	*waz*
G	*wes*	*wes*
D	*wem*	*wem*

5.5   *swer*; *swaz*

swer, which corresponds to English 'whoever', 'he who', etc., and *swaz*, which corresponds to 'whatever', 'that which', etc., are declined like *wer* and *waz* (see **5.4**), e.g.

> *swer ime iht sol*
> whoever owes him anything

5.6 *der*, *diu*, *daz* (see **2.1** and **5.3.1**) are also used for 'he who', etc., e.g.

> *die mîne gespilen wâren*
> they who were my playmates

6 VERBS (I)

6.1 TENSES

6.1.1 The essential Middle High German tenses are the Present and Past. To express futurity Middle High German uses either the present tense, or one of the verbs *suln*, *wellen* or *müezen* plus the infinitive, e.g.

ich sol ez wol verdienen
I will repay it well

The future perfect and conditional tenses existing today are not found in Middle High German.

The present participle (e.g. *lobende*, *nemende*) is rarely used.

6.1.2 The use of the following is similar to that in present-day German:

6.1.2.1 the perfect and pluperfect tenses (formed with *hân* and *sîn*, used like *haben* and *sein* today);

6.1.2.2 the passive voice (formed in the present and past with *werden*).

For the use of the subjunctive see **8.2** and **8.3**.

6.2 FLUCTUATION IN SPELLING

Minor fluctuations in spelling, including the loss of *e*, are as common in verbs as in other parts of speech (see **1.6**, **4.6** and **5.1.2**), e.g. *lobete* or *lobet*, *nime* or *nim*, *mugen* or *mügen*, *solte* or *solde*. A consonant between two vowels is frequently dropped, the contraction of *-age-* and *-ege-* to *-ei-* being particularly common, e.g. *sagete* or *seite*, *gesaget* or *geseit*, *legete* or *leite*, *geleget* or *geleit*, *daz ist* or *deist*, *gibest* or *gîst*.

6.3 Nearly all verbs may be classified, like those in present-day German, as weak or strong. Most verbs belong to the same class as in present-day German.

6.4 WEAK VERBS

Weak verbs may be divided into two types: regular weak verbs and the so-called '*Rückumlaut*' verbs.

23

6.4.1 REGULAR WEAK VERBS, e.g. *loben*

PRESENT INDICATIVE	PAST INDICATIVE	PRESENT SUBJUNCTIVE	PAST SUBJUNCTIVE	IMPERA-TIVE	PAST PARTICIPLE
ich lobe	*ich lobete*	*ich lobe*		*lobe*	*gelobet*
du lobest	*du lobetest*	*du lobest*		*lobe(n)t*	
er lobet	*er lobete*	*er lobe*	as in Past		
wir loben	*wir lobeten*	*wir loben*	Indicative		
ir lobe(n)t	*ir lobetet*	*ir lobet*			
si lobent	*si lobeten*	*si loben*			

6.4.2 'RÜCKUMLAUT' VERBS

These verbs, which are inflected like regular weak verbs (see **6.4.1**), have a mutated vowel or diphthong in the present tense (*e, œ, œ, ü, iu,* or *üe*) and the corresponding unmutated vowel or diphthong (see **1.2.2**) in the past tense, e.g. *ich setze, ich satzte; ich hœre, ich hôrte; ich küsse, ich kuste.* The past participle of most such verbs can be either mutated, e.g. *gesetzet,* or unmutated, e.g. *gesatzt.* Only six such verbs persist in present-day German: *brennen, kennen, nennen, rennen, senden, wenden.*

6.5 STRONG VERBS, e.g. *nëmen*

PRES INDIC	PAST INDIC	PRES SUBJ (vowel of infin.)	PAST SUBJ (mutated vowel of past indic. plural)	IMPER	PAST PART
ich nime	*ich nam*	*ich neme*	*ich næme*	*nim*	*genomen*
du nimest	*du næme*	*du nemest*	*du næmest*	*neme(n)t*	
er nimet	*er nam*	*er neme*	*er næme*		
wir nemen	*wir nâmen*	*wir nemen*	*wir næmen*		
ir neme(n)t	*ir nâmet*	*ir nemet*	*ir næmet*		
si nement	*si nâmen*	*si nemen*	*si næmen*		

The second person singular of the past indicative, e.g. *du næme*, has the vowel of the past subjunctive.

6.6 PRINCIPAL PARTS OF STRONG VERBS

6.6.1 Strong verbs may be classified according to the vowels of the infinitive, present indicative singular, past indicative singular, past indicative plural, and past participle. Nearly all strong verbs belong to one of the following seven classes:

24

6.6.2 CLASS	INFIN & PRES INDIC PLUR	PRES INDIC SING (given where vowel differs from infin.)	PAST INDIC SING	PAST INDIC PLUR (given where vowel differs from past indic. sing.)	PAST PART
I (a)	grîfen		greif	griffen	gegriffen
(b)	lîhen		lêch	lihen	gelihen
II (a)	biegen	biuge	bouc	bugen	gebogen
(b)	bieten	biute	bôt	buten	geboten
III (a)	singen		sanc	sungen	gesungen
(b)	helfen	hilfe	half	hulfen	geholfen
IV	nëmen	nime	nam	nâmen	genomen
V (a)	geben	gibe	gap	gâben	gegeben
(b)	sitzen		saz	sâzen	gesezzen
VI	graben		gruop		gegraben
VII	vallen		viel		gevallen

6.6.3   Verbs of Class VII have the same stem vowel, not necessarily -a-, in both infinitive and past participle, e.g. *stôzen, stiez, gestôzen*.

Verbs of Classes VI and VII have a mutated stem vowel (see 1.2.2) in the second and third person singular of the present indicative, e.g. *du vellest, er vellet*.

7 VERBS (II)

7.1 The following frequently used verbs are irregular:

7.1.1 IRREGULAR WEAK VERBS

7.1.1.1

INFIN	PAST INDIC	PAST PART
bringen	*brâhte*	*brâht*
denken	*dâhte*	*gedâht*
dunken	*dûhte*	*gedûht*
vürhten	*vorhte*	*gevorht*
würken	*worhte*	*geworht*

7.1.1.2 *hân* or *haben*

PRES INDIC	PAST INDIC	PRES SUBJ	PAST SUBJ
ich hân	*ich hâte* or	*ich habe*	*ich hæte*
du hâst	*hete*, etc.	etc.	etc.
er hât			
wir hân			
ir hât			
si hânt			

7.1.2 IRREGULAR STRONG VERBS

INFIN & PRES INDIC PLUR	PRES INDIC SING	PAST INDIC SING	PAST INDIC PLUR	PAST PART
beginnen	*beginne*	*began* or *begunde*	*begunden*	*begunnen*
heben	*hebe*	*huop*	*huoben*	*erhaben*
komen	*kume*	*kam*	*kâmen*	*komen*
swern	*swere*	*swuor*	*swuoren*	*gesworn*
hâ(he)n	*hâhe*	*hie(nc)*	*hiengen*	*gehangen*
vâ(he)n	*vâhe*	*vie(nc)*	*viengen*	*gevangen*

7.1.3 *gân, stân, tuon, sîn*

PRES INDIC	PAST INDIC	PRES SUBJ	PAST SUBJ	PAST PART

7.1.3.1 *gân* or *gên*

PRES INDIC	PAST INDIC	PRES SUBJ	PAST SUBJ	PAST PART
ich gân or *gên*	*ich gie(nc)*	*ich gâ* or *gê*	*ich gienge*	*(ge)gangen*
du gâst or *gêst*	*du gienge*	etc.	etc.	or *gegân*
er gât or *gêt*	*er gie(nc)*			
wir gân or *gên*	*wir giengen*			
ir gât or *gêt*	*ir gienget*			
si gânt or *gênt*	*si giengen*			

7.1.3.2 *stân* or *stên*

PRES INDIC	PAST INDIC	PRES SUBJ	PAST SUBJ	PAST PART
ich stân or *stên*	*ich stuont*	*ich stâ* or *stê*	*ich stüende*	*gestanden*
du stâst or *stêst*	*du stüende*	etc.	etc.	or *gestân*
er stât or *stêt*	*er stuont*			
wir stân or *stên*	*wir stuonden*			
ir stât or *stêt*	*ir stuondet*			
si stânt or *stênt*	*si stuonden*			

7.1.3.3 *tuon*

PRES INDIC	PAST INDIC	PRES SUBJ	PAST SUBJ	PAST PART
ich tuo(n)	*ich tete*	*ich tuo*	*ich tæte*	*getân*
du tuost	*du tæte*	etc.	etc.	
er tuot	*er tete*			
wir tuon	*wir tâten*			
ir tuot	*ir tâtet*			
si tuont	*si tâten*			

7.1.3.4 *sîn* or *wesen*

PRES INDIC	PAST INDIC	PRES SUBJ	PAST SUBJ	PAST PART
ich bin	*ich was*	*ich sî*	*ich wære*	*gewesen*
du bist	*du wære*	*du sîst*	etc.	
er ist	*er was*	*er sî*		
wir sîn or *birn*	*wir wâren*	*wir sîn*		
ir sît or *birt*	*ir wâret*	*ir sît*		
si sint	*si wâren*	*si sîn*		

7.1.4 The variation between *s* and *r* in the tenses of *wesen* (see 7.1.3.4) is found, like the variation between *(c)h* and *g*, and between *d* and *t*, in several strong verbs, e.g.

  kiesen, kiuse, kôs, kurn, gekorn
  ziehen, ziuhe, zôch, zugen, gezogen

7.1.5 'PRETERITE-PRESENT' VERBS

7.1.5.1 The following so-called 'preterite-present' verbs and *wellen* have in the present indicative the endings -, -(s)t, -, -en, -et, -en, which are similar to those of the past indicative of strong verbs today:

7.1.5.2 INFIN & PRES INDIC PLUR (Pres. subj. has same vowel)	PRES INDIC SING	PAST INDIC & SUBJ
(be)durfen	ich, er darf du darft	ich dorfte
kunnen	ich, er kan du kanst	ich kunde
müezen	ich, er muoz du muost	ich muos(t)e
mugen	ich, er mac du maht	ich mohte
suln	ich, er sol du solt	ich solte
wizzen	ich, er weiz du weist	ich wiste or wesse
gunnen	ich, er gan du ganst	ich gunde
tugen	ich, er touc —	ich tohte
turren	ich, er tar du tarst	ich torste
wellen	ich, er wil du wil(t)	ich wolte

7.2 THE PREFIX GE-

7.2.1 *ge-* is prefixed to most, but not all past participles, e.g. *gelobet, genomen, geboten, gedâht; komen, worden.* funden

7.2.2 *ge-* is often prefixed to verbs for metrical reasons, and without significantly changing their meaning, e.g.

> *waz mugen si mir dâ von gesagen?*
> what can they say to me about this?

7.2.3   The past tense can be used with a pluperfect function, e.g.

> *swenne aber er den vogel erschôz*
> but whenever he had shot the bird

This use is particularly common where *ge-* is prefixed to the verb, e.g.

> *dô ich in gezamete*
> when I had tamed it

7.3   WORD-ORDER

Word-order is similar to that in present-day German. Various word-orders may be used to adapt a sentence to the metre, or to give emphasis to a particular word, or group of words.

8 VERB NEGATION;
USE OF SUBJUNCTIVE

8.1 VERB NEGATION

8.1.1 Negation of a verb is usually expressed by *en-*, *-ne* or *-n* before the verb, and *niht* after it, e.g.

> *si enredete im niht vil mite*
> she did not talk much to him

8.1.2 Negation is also frequently expressed by *en-*, *-ne* or *-n* only, or by *niht* only, e.g.

> *ine weiz*
> I do not know
>
> *liep âne leit mac niht gesîn*
> joy cannot exist without sorrow

8.2 USE OF SUBJUNCTIVE

8.2.1 The subjunctive is usually found in clauses where the subjunctive would be used in present-day German, e.g.

in indirect speech: *und jâhen alle gelîche,*
dâ enwære dehein zwîvel an
and all said with one accord
there was no doubt of this

to express a wish: *got sende si zesamene*
may God send those together

to express an unreal condition (after *ob*, or with inversion of subject and verb):

> *Gieng ein hunt tages tûsent stunt*
> If a dog went a thousand times a day

8.2.2 The subjunctive is however more widely used than in present-day German: in several constructions either the indicative or the subjunctive may be used with little change of meaning.

8.2.3 If one clause contains the subjunctive or the imperative, the verb in a dependent clause may also be in the subjunctive, e.g.

> *Daz er bî mir læge,*
> *wessez iemen*
> If anyone knew that he had lain beside me

8.3 EN- WITH THE SUBJUNCTIVE

8.3.1 In a dependent clause *en-*, *-ne* or *-n* with the subjunctive usually corresponds to a clause in English introduced by 'unless' ,e.g.

> *mich enwendes der tôt*
> unless death prevents me

8.3.2 This construction is found also in clauses dependent on a verb or noun with negative meaning, e.g. 'prevent', 'doubt', which is itself negated, e.g.

> *Sît ich dich, herze, niht wol mac erwenden,*
> *dun wellest mich vil trûreclîchen lân*
>
> Since, heart, I truly cannot prevent you
> from wanting to leave me most sadly

en-, *-ne* or *-n* in such clauses is without negative meaning.

9 METRE

9.1 Middle High German metre is based, like that of present-day German, on the alternation of stressed and unstressed syllables. The commonest foot is trochaic (/ ×), and all other possible feet, e.g. / , / × ×, may be considered variations of the trochaic pattern. An unstressed syllable, or more than one, preceding the first stressed syllable in a line, is called an *Auftakt* or anacrusis.

For the elision of *e* see 1.2.4.

9.2 COURTLY EPIC POETRY

9.2.1 Courtly epic poetry comprises couplets, each line of which follows the same type as the other.

9.2.2 There are, in general, three types of line:

9.2.2.1 **Type Ia** contains four stresses, and ends with a stressed syllable, e.g.

$$| / \times || / \quad \times | \ / \times | / \ |$$
Artûs und diu künegin

$$' \times | / \times \ | / \ \times | / \ \times | / \ |$$
mit tôtem herzen gie si dar

9.2.2.2 **Type Ib** contains four stresses, of which the last falls on a short vowel in an 'open' syllable (see 1.2.1.2). The line ends with an unstressed syllable such as *-e*, *-en*, e.g.

$$| / \quad \times | \ / \quad \times || \ \times | / \times \ |$$
Ditz geschach als ich iu sage

$$\times || \quad \times | / \times | / \ \times | / \times \ |$$
dô ich ze rehte solde sehen

9.2.2.3 **Type II** contains three primary stresses, of which the last falls on a long vowel, e.g. *êren*, a diphthong, e.g. *scheiden*, or a short vowel in a 'closed' syllable, e.g. *winde*. The line ends with a secondary stress, which falls on a syllable such as *-e*, *-en*, e.g.

$$| / \times | / \times \ | / | \backslash \ |$$
dô ze sînen êren

$$\times | / \times | / \ \times | \quad / | \backslash \ |$$
vil riuweclîchez scheiden

$$\times | / \ \times | / \quad \times | / | \backslash |$$
in wazzer unde in winde

9.3 THE NIBELUNGENLIED

9.3.1 The *Nibelungenlied* and the poems of *Der Kürenberger* comprise stanzas of four long lines, each divided by a caesura into two half-lines.

9.3.2 The metrical pattern is as follows:

9.3.2.1 The first, third, fifth and seventh half-lines follow Type II above, e.g.

$$×| \ / \ × | \ / \ \ × | \ / | \ \backslash \ |$$

Nu lâzet iuwer sorgen

Trisyllabic endings such as the following are not uncommon:

$$| \ / × \ | \ / \ × \ \ | \ / \ ×| \backslash \ |$$

bî im stêt ouch Hagene

9.3.2.2 The second, fourth and sixth half-lines end according to any one of the three types above, but contain only three stresses, followed by a perceptible pause, e.g.

$$× | \ \ / \ | \ / \ ×| \ \ / × | \ \wedge \ |$$

der schiltwahte pflegen

9.3.2.3 The eighth half-line follows Type Ia above, e.g.

$$× \ ×| / ×| \ / \ ×| \ \ / \ × \ | \ / \ |$$

so genese danne swer der mac

9.3.3 An entire stanza is therefore scanned as follows:

$$× \ | / \ | \ / \ \ × \ | \ /| \ \backslash \ | \ \ | \ / \ × \ | \ / \ × \ | \ / \ \ | \wedge \ |$$

Des antwurte im niemen.   zornec was sîn muot:

$$| \ \ / × | \ / × \ | \ /|\backslash| \ \ \ | \ \ / \ \ × | \ / \ | \ / \ \ | \wedge \ |$$

'pfî, ir zagen bœse',   sprach der helt guot,

$$| \ \ / \ × | \ /|/ \ | \backslash| \ \ |/ \ \ × | \ / \ \ × | \ / \ | \wedge \ |$$

'wolt ir slâfende   uns ermordet hân?

$$× \ |/ \ \ × | \ / \ × | \ /|\backslash| \ \ | \ / \ \ × | \ / × | \ / \ \ ×|/ \ |$$

daz ist sô guoten helden   noch vil selten her getân.'

9.4 LYRIC POETRY

The metre of lyric poetry shows almost infinite variety, not only within a given line, but also in the kinds of line within a given stanza. Only two principles mentioned above are common to almost all lyric poetry: first, that the basic foot is the trochee ($/×$), or a variation of the trochaic pattern, e.g. $/$, $/ × ×$; and secondly that, whatever the arrangement of stressed and unstressed syllables within the line, most line-endings follow one of the three types described in **9.2.2.**

PART II TEXTS

LYRIC POETRY

---

1 ANONYMOUS

Dû bist mîn, ich bin dîn:
des solt dû gewis sîn.
dû bist beslozzen
in mînem herzen:
5 verlorn ist daz slüzzelîn:
dû muost immer drinne sîn.

2 DER KÜRENBERGER

'Ich zôch mir einen valken   mêre danne ein jâr.
dô ich in gezamete   als ich in wolte hân
und ich im sîn gevidere   mit golde wol bewant,
er huop sich ûf vil hôhe   und floug in anderiu lant.

5 Sît sach ich den valken   schône fliegen:
er fuorte an sînem fuoze   sîdîne riemen,
und was im sîn gevidere   alrôt guldîn.
got sende si zesamene   die gerne geliep wellen sîn!'

3 DIETMAR VON AIST

'Slâfest du, friedel ziere?
man wecket uns leider schiere:
ein vogellîn sô wol getân
daz ist der linden an daz zwî gegân.'

5 'Ich was vil sanfte entslâfen:
nu rüefestu kint wâfen.
liep âne leit mac niht gesîn.
swaz du gebiutst, daz leiste ich, friundîn mîn.'

Diu frouwe begunde weinen.
10 'du rîtst hinne und lâst mich eine.
wenne wilt du wider her zuo mir?
ôwê du füerst mîn fröide sament dir!'

34

Mîn herze und mîn lîp diu wellent scheiden,
diu mit ein ander varnt nu mange zît.
der lîp wil gerne vehten an die heiden:
sô hât iedoch daz herze erwelt ein wîp
5 vor al der werlt. daz müet mich iemer sît,
daz si ein ander niene volgent beide.
mir habent diu ougen vil getân ze leide.
got eine müeze scheiden noch den strît.

Ich wânde ledic sîn von solher swære,
10 dô ich daz kriuze in gotes êre nam.
ez wære ouch reht deiz herze als ê dâ wære,
wan daz sîn stætekeit im sîn verban.
ich solte sîn ze rehte ein lebendic man,
ob ez den tumben willen sîn verbære.
15 nu sihe ich wol daz im ist gar unmære
wie ez mir an dem ende süle ergân.

Sît ich dich, herze, niht wol mac erwenden,
dun wellest mich vil trûreclîchen lân,
sô bite ich got daz er dich ruoche senden
20 an eine stat dâ man dich wol enpfâ.
owê wie sol ez armen dir ergân!
wie torstest eine an solhe nôt ernenden?
wer sol dir dîne sorge helfen enden
mit solhen triuwen als ich hân getân?

25 Nieman darf mir wenden daz zunstæte,
ob ich die hazze diech dâ minnet ê.
swie vil ich si geflêhet oder gebæte,
sô tuot si rehte als ob sis niht verstê.
mich dunket wie mîn wort gelîche gê
30 als ez der summer vor ir ôren tæte.
ich wære ein gouch, ob ich ir tumpheit hæte
für guot: ez engeschiht mir niemer mê.

5   REINMAR

Waz ich nu niuwer mære sage
desn darf mich nieman frâgen: ich enbin niht vrô.
die friunt verdriuzet mîner klage.
des man ze vil gehœret, dem ist allem sô.

nu hân ich es beidiu schaden unde spot.
waz mir doch leides unverdienet, daz erkenne got,
und âne schult geschiht!
ichn gelige herzeliebe bî,
  son hât an mîner vröide nieman niht.

10 Die hôhgemuoten zîhent mich,
ich minne niht sô sêre als ich gebâre ein wîp.
si liegent unde unêrent sich:
si was mir ie gelîcher mâze sô der lîp.
nie getrôste si dar under mir den muot.
15 der ungenâden muoz ich, und des si mir noch getuot,
erbeiten als ich mac.
mir ist eteswenne wol gewesen:
  gewinne ab ich nu niemer guoten tac?

Sô wol dir, wîp, wie reine ein nam!
20 wie sanfte er doch z'erkennen und ze nennen ist!
ez wart nie niht sô lobesam,
swâ duz an rehte güete kêrest, sô du bist.
dîn lop nieman mit rede volenden kan.
swes du mit triuwen phligest, wol im, derst ein sælic man
25 und mac vil gerne leben.
du gîst al der werlde hôhen muot:
  wan maht och mir ein lützel fröiden geben?

Zwei dinc hân ich mir für geleit,
diu strîtent mit gedanken in dem herzen mîn:
30 ob ich ir hôhen werdekeit
mit mînem willen wolte lâzen minre sîn,
ode ob ich daz welle daz si grœzer sî
und si vil sælic wîp stê mîn und aller manne vrî.
diu tuont mir beidiu wê:
35 ich enwirde ir lasters niemer vrô;
  vergât si mich, daz klage ich iemer mê.

Ob ich nu tuon und hân getân
daz ich von rehte in ir hulden solte sîn,
und si vor aller werlde hân,
40 waz mac ich des, vergizzet si dar under mîn?
swer nu giht daz ich ze spotte künne klagen,
der lâze im mîne rede beide singen unde sagen
· · · · · ·
unde merke wa ich ie spræche ein wort,
45 ezn læge ê i'z gespræche herzen bî.

Als ich sihe daz beste wîp,
wie kûme ich daz verbir
daz ich niht umbevâhe ir lîp
und twinge si ze mir.
5 dicke ich stân ze sprunge
als ich welle dar,
sô si mir sô suoze vor gestêt.
næm al diu werlt sîn war,
sô mich der minnend unsin ane gêt,
10 ich möhte es niht verlân,
der sprunc enwurde getân,
trûte ich bî ir hulde
durch disen unsin bestân.

7 HEINRICH VON MORUNGEN

Owê, sol aber mir iemer mê
geliuhten dur die naht
noch wîzer danne ein snê
ir lîp vil wol geslaht?
5 der trouc diu ougen mîn:
ich wânde, ez solde sîn
des liehten mânen schîn,
    dô taget ez.

'Owê, sol aber er immer mê
10 den morgen hie betagen?
als uns diu naht engê,
daz wir niht durfen klagen:
'owê, nu ist ez tac',
als er mit klage pflac
15 do'r jungest bî mir lac.
    dô taget ez.'

Owê, si kuste âne zal
in deme slâfe mich.
dô vielen hin ze tal
20 ir trêne nidersich,
iedoch getrôste ich sî,
daz si ir weinen lî
und mich al ummevî.
    dô taget ez.

25 'Owê,   daz er sô dicke sich
bî mir ersêen hât!
als er endahte mich,
sô wolte er sunder wât
mich armen schouwen blôz.
30 ez was ein wunder grôz
daz in des nie verdrôz.
dô taget ez.'

8   WALTHER VON DER VOGELWEIDE

Ich saz ûf eime steine
und dahte bein mit beine:
dar ûf satzt ich den ellenbogen:
ich hete in mîne hant gesmogen
5 daz kinne und ein mîn wange.
dô dâhte ich mir vil ange,
wie man zer welte solte leben:
deheinen rât kond ich gegeben,
wie man driu dinc erwurbe,
10 der keinez niht verdurbe.
diu zwei sint êre und varnde guot,
daz dicke ein ander schaden tuot:
daz dritte ist gotes hulde,
der zweier übergulde.
15 die wolte ich gerne in einen schrîn.
jâ leider desn mac niht gesîn,
daz guot und weltlich êre
und gotes hulde mêre
zesamene in ein herze komen.
20 stîg unde wege sint in benomen:
untriuwe ist in der sâze,
gewalt vert ûf der strâze:
fride unde reht sint sêre wunt.
diu driu enhabent geleites niht, diu zwei enwerden ê gesunt.

9   WALTHER VON DER VOGELWEIDE

'Under der linden
an der heide,
dâ unser zweier bette was,
dâ mugt ir vinden

5 schône beide
gebrochen bluomen unde gras.
vor dem walde in einem tal,
tandaradei,
    schône sanc diu nahtegal.

10 Ich kam gegangen
zuo der ouwe:
dô was mîn friedel komen ê.
dâ wart ich enpfangen,
hêre frouwe,
15 daz ich bin sælic iemer mê.
kuster mich? wol tûsentstunt:
tandaradei,
    seht wie rôt mir ist der munt.

Dô het er gemachet
20 alsô rîche
von bluomen eine bettestat.
des wirt noch gelachet
inneclîche,
kumt iemen an daz selbe pfat.
25 bî den rôsen er wol mac,
tandaradei,
    merken wâ mirz houbet lac.

Daz er bî mir læge,
wessez iemen
30 (nu enwelle got!), sô schamt ich mich.
wes er mit mir pflæge,
niemer niemen
bevinde daz, wan er unt ich,
und ein kleinez vogellîn:
35 tandaradei,
    daz mac wol getriuwe sîn.'

10   WALTHER VON DER VOGELWEIDE

Herzeliebez frowelîn,
got gebe dir hiute und iemer guot.
kund ich baz gedenken dîn,
des hete ich willeclîchen muot.
5 waz mac ich dir sagen mê,
wan daz dir nieman holder ist? owê, dâ von ist mir vil wê.

Sie verwîzent mir daz ich
sô nidere wende mînen sanc.
daz si niht versinnent sich
10 waz liebe sî, des haben undanc!
sie getraf diu liebe nie,
die nâch dem guote und nâch der schœne minnent, wê wie
minnent die?

Bî der schœne ist dicke haz:
zer schœne niemen sî ze gâch.
15 liebe tuot dem herzen baz:
der liebe gêt diu schœne nâch.
liebe machet schœne wîp:
desn mac diu schœne niht getuon, sin machet niemer lieben lîp.

Ich vertrage als ich vertruoc
20 und als ich iemer wil vertragen.
dû bist schœne und hâst genuoc:
waz mugen si mir dâ von gesagen?
swaz si sagen, ich bin dir holt,
und nim dîn glesîn vingerlîn für einer küneginne golt.

25 Hâst dû triuwe und stætekeit,
sô bin ich sîn ân angest gar
daz mir iemer herzeleit
mit dînem willen wider var.
hâst ab dû der zweier niht,
30 son müezest dû mîn niemer werden. owê danne, ob daz geschiht!

11 WALTHER VON DER VOGELWEIDE

Nieman kan mit gerten
kindes zuht beherten:
den man zêren bringen mac,
dem ist ein wort als ein slac.
5 Dem ist ein wort als ein slac,
den man zêren bringen mac:
kindes zuht beherten
nieman kan mit gerten.

Hüetet iuwer zungen:
10 daz zimt wol den jungen.

40

stôz den rigel vür die tür,
lâ kein bœse wort dar vür.
Lâ kein bœse wort dar vür,
stôz den rigel vür die tür:
15 daz zimt wol den jungen.
hüetet iuwer zungen.

Hüetet iuwer ougen
offenbâre und tougen,
lât si guote site spehen
20 und die bœsen übersehen.
Und die bœsen übersehen
lât si, guote site spehen:
offenbâre und tougen
hüetet iuwer ougen.

25 Hüetet iuwer ôren,
oder ir sît tôren.
lât ir bœsiu wort dar in,
daz gunêret iu den sin.
Daz gunêret iu den sin,
30 lât ir bœsiu wort dar in.
oder ir sît tôren,
hüetet iuwer ôren.

Hüetet wol der drîer
leider alze vrîer.
35 zungen ougen ôren sint
dicke schalchaft, zêren blint.
Dicke schalchaft, zêren blint
zungen ougen ôren sint.
leider alze vrîer
40 hüetet wol der drîer.

Frô Welt, ir sult dem wirte sagen
daz ich im gar vergolten habe:
mîn grôziu gülte ist abe geslagen;
daz er mich von dem brieve schabe.
5 swer ime iht sol, der mac wol sorgen.

ê ich im lange schuldic wære, ich wolt ê zeinem juden borgen.
er swîget unz an einen tac:
sô wil er danne ein wette hân,
sô jener niht vergelten mac.

10 'Walther, dû zürnest âne nôt:
dû solt bî mir belîben hie.
gedenke wie ich dirz erbôt,
waz ich dir dînes willen lie,
als dicke dû mich sêre bæte.
15 mir was vil inneclîche leit daz dû daz ie sô selten tæte.
bedenke dich: dîn leben ist guot:
sô dû mir rehte widersagest,
sô wirst dû niemer wol gemuot.'

Frô Welt, ich hân ze vil gesogen:
20 ich wil entwonen, des ist zît.
dîn zart hât mich vil nâch betrogen,
wand er vil süezer fröiden gît.
do ich gesach reht under ougen,
dô was dîn schœne an ze schowen wünneclich al sunder lougen:
25 doch was der schanden alse vil,
dô ich dîn hinden wart gewar,
daz ich dich iemer schelten wil.

'Sît ich dich niht erwenden mac,
sô tuo doch ein dinc des ich ger:
30 gedenke an manegen liehten tac,
und sich doch underwîlent her
niuwan sô dich der zît betrâge.'
daz tæt ich wunderlîchen gerne, wan deich fürhte dîne lâge,
vor der sich nieman kan bewarn.
35 got gebe iu, frowe, guote naht:
ich wil ze hereberge varn.

13 WALTHER VON DER VOGELWEIDE

Owê war sint verswunden alliu mîniu jâr!
ist mir mîn leben getroumet oder ist ez wâr?
daz ich ie wânde ez wære, was daz allez iht?
dar nâch hân ich geslâfen und enweiz es niht.
5 nû bin ich erwachet, und ist mir unbekant
daz mir hie vor was kündic als mîn ander hant,

liut unde lant, dar inn ich   von kinde bin erzogen,
die sint mir frömde worden   reht als ez sî gelogen.
die mîne gespilen wâren,   die sint træge unt alt.
10   daz velt ist nû verœset,   verhouwen ist der walt:
wan daz daz wazzer fliuzet   als ez wîlent flôz,
für wâr mîn ungelücke   wânde ich wurde grôz.
mich grüezet maneger trâge,   der mich bekande ê wol.
diu welt ist allenthalben   ungenâden vol.
15   als ich gedenke an manegen   wünneclîchen tac,
die mir sint enpfallen   gar als in daz mer ein slac,
iemer mêr ouwê.

Owê wie jæmerlîche   junge liute tuont,
den ê vil hovelîchen   ir gemüete stuont!
20   die kunnen niuwan sorgen: ouwê wie tuont si sô?
swar ich zer werlte kêre,   dâ ist nieman frô:
tanzen lachen singen   zergât mit sorgen gar:
nie kristenman gesach sô   jæmerlîche schar.
nû merkent wie den frouwen   ir gebende stât:
25   ez tragent die stolzen ritter   dörpellîche wât.
uns sint unsenfte brieve   her von Rôme komen,
uns ist erloubet trûren   und fröide gar benomen.
daz müet mich inneclîchen   (wir lebten ie vil wol),
daz ich nû für mîn lachen   weinen kiesen sol.
30   die vogel in der wilde   betrüebet unser klage:
waz wunders ist an fröiden   ob ich dâ von verzage?
wê waz spriche ich tumber   durch mînen bœsen zorn?
swer dirre wünne volget   der hât jene dort verlorn,
iemer mêr ouwê.

35   Owê wie uns mit süezen   dingen ist vergeben!
ich sihe die bittern gallen   in dem honege sweben:
diu Welt ist ûzen schœne,   wîz grüen unde rôt,
und innân swarzer varwe,   vinster sam der tôt.
swen si nû habe verleitet,   der schouwe sînen trôst:
40   er wirt mit swacher buoze   grôzer sünde erlôst.
dar an gedenkent, ritter: ez ist iuwer dinc.
ir tragent die liehten helme   und manegen herten rinc,
dar zuo die vesten schilte   und diu gewîhten swert.
wolte got, wan wære ich   der sigenünfte wert!
45   so wolte ich nôtic armman   verdienen rîchen solt.
joch meine ich niht die huoben   noch der hêrren golt:

ich wolte sælden krône êweclîchen tragen:
die mohte ein soldenære mit sîme sper bejagen.
möht ich die lieben reise gevaren über sê,
50 sô wolte ich denne singen wol und niemer mêr ouwê,
niemer mêr ouwê.

14 FREIDANK

Rost izzet stahel und îsen,
alsô tuot sorge den wîsen.

Sorge machet grâwez hâr,
sus altet jugent âne jâr.

5 Nît tuot nieman herzeleit
wan im selben, der in treit.

Swer verdient der tôren haz,
der gevelt den wîsen deste baz.

Gieng ein hunt tages tûsent stunt
10 ze kirchen, er wær doch ein hunt.

Swâ der ohse krône treit,
dâ hânt diu kelber werdekeit.

Der krebz gât allez hinder sich
mit füezen vil, deist wunderlich.

15 Sich badet diu krâ in allem flîz
und wirt durch daz doch niemer wîz.

15   HARTMANN VON AUE

EREC

Lines 1294–1333. Erec's victory over the knight Iders is welcomed by rich and poor alike, and especially by his future wife, Enite.

    dô ez alsô was komen,
    als ir dâ vor habet vernomen,
    daz Êrecke sô wol gelanc
    daz er Îdêrs betwanc
5   ûf dem hûs ze Tulmein,
    der ie ein wârer degen schein,
    und dô vrouwe Ênîte
    behertet wart mit strîte,
    sîns gelückes wâren dô
10 vil herzenlîche vrô
    arme unde rîche
    und jâhen alle gelîche,
    dâ enwære dehein zwîvel an,
    er enwære der tiuriste man
15 der ie kæme in daz lant.
    dâ was nieman zehant
    dem sîn sige wære leit:
    si prîsten sîne manheit.
    ir spil begunden si mêren
20 dô ze sînen êren.
    grôz buhurt huop sich dâ
    unde tanzen anderswâ.
    in entwâfente der herzoge Îmâin:
    in ir schôz leite in
25 daz kint vrouwe Ênîte
    ze ruowe nâch dem strîte.
    ir gebærde was vil bliuclîch,
    einer megede gelîch.
    si enredete im niht vil mite:

₃₀ wan daz ist ir aller site
daz si zem êrsten schamic sint
unde blûc sam diu kint.
dar nâch ergrîfent si den list
daz si wol wizzen waz in guot ist,
₃₅ und daz in liep wære
daz si nû dunket swære,
unde daz si næmen,
swâ si sîn reht bekæmen,
einen süezen kus vür einen slac
₄₀ und guote naht vür übeln tac.

16 HARTMANN VON AUE

DER ARME HEINRICH

Lines 97–111. 'In the midst of life we are in death.'

Dirre werlte veste,
ir stæte und ir beste
und ir grœste magenkraft
diu stât âne meisterschaft:
₅ des muge wir an der kerzen sehen
ein wârez bilde geschehen,
daz si zeiner aschen wirt
iemitten daz si lieht birt.
wir sîn von brœden sachen:
₁₀ nu sehet wie unser lachen
mit weinen erlischet!
unser süeze ist gemischet
mit bitterre gallen,
unser bluome der muoz vallen
₁₅ so er aller grüenest wænet sîn.

17 HARTMANN VON AUE

IWEIN

Lines 59–72. A festival is held at King Arthur's court.

Artûs und diu künegin,
ir ietwederz under in
sich ûf ir aller willen vleiz.
dô man des pfingestages enbeiz,

5 mänlich im die vreude nam
der in dô aller beste gezam.
dise sprâchen wider diu wîp,
dise banecten den lîp,
dise tanzten, dise sungen,
10 dise liefen, dise sprungen,
dise schuzzen zuo dem zil,
dise hôrten seitspil,
dise von seneder arbeit,
dise von grôzer manheit.

18 WOLFRAM VON ESCHENBACH

PARZIVAL

Book III, lines 117,7–118,28. The boy Parzival is taken by his mother into the forest, where he may grow up unspoilt by courtly life.

sich zôch diu vrouwe jâmers balt
ûz ir lande in einen walt,
zer waste in Soltâne,
niht durch bluomen ûf die plâne.
5 ir herzen jâmer was sô ganz,
si enkêrte sich an keinen kranz,
er wære rôt oder val.
si brâhte dar durch vlühtesal
des werden Gahmuretes kint.
10 liute, die bî ir dâ sint,
müezen bûwen unde riuten.
si kunde wol getriuten
ir sun: ê daz sich der versan,
ir volc si gar vür sich gewan,
15 ez wære man oder wîp.
den gebôt si allen an den lîp,
daz si immer ritters würden lût,
'wan vriesche daz mîns herzen trût,
welh ritters leben wære,
20 daz würde mir vil swære.
nû habet iuch an der witze kraft
und helt in alle ritterschaft.'
der site vuor angestlîche vart.
der knappe alsus geborgen wart

47

25 zer waste in Soltâne erzogen,
an küneclîcher vuore betrogen,
ez enmöhte an einem site sîn:
bogen unde bölzelîn
die sneit er mit sîn selbes hant
30 und schôz vil vogele die er vant.
swenne aber er den vogel erschôz,
des schal von sange ê was sô grôz,
sô weinde er unde roufte sich,
an sîn hâr kêrte er gerich.
35 sîn lîp was klâr unde fier:
ûf dem plân an dem rivier
twuoc er sich alle morgen.
er enkunde niht gesorgen,
ez enwære ob im der vogelsanc.
40 diu süeze in sîn herze dranc:
daz erstracte im sîniu brüstelîn.
al weinde er lief zer künegîn.
sô sprach si: 'wer hât dir getân?
dû wære hin ûz ûf den plân.'
45 er enkunde ir gesagen niht,
als kinden lîhte noch geschiht.
   dem mære gienc si lange nâch.
eins tages si in kaphen sach
ûf die boume nâch der vogele schal.
50 si wart wol innen daz zeswal
von der stimme ir kindes brust.
des twanc in art und sîn gelust.

19   GOTTFRIED VON STRASSBURG

TRISTAN UND ISOLD

Lines 11,645–11,706. During their voyage from Ireland to Cornwall,
Tristan and Isold inadvertently drink the love-potion.

Hie mite strichen die kiele hin.
si beide hæten under in
guoten wint und guote var.
nu was diu vrouwîne schar,
5 Îsôt und ir gesinde
in wazzer unde in winde
des ungevertes ungewon.

unlanges kâmen sî dâ von
in ungewonlîche nôt.
10 Tristan ir meister dô gebôt
daz man ze lande schielte
und eine ruowe hielte.
nu man gelante in eine habe,
nu gie daz volc almeistic abe
15 durch banekîe ûz an daz lant;
nu gienc ouch Tristan zehant
begrüezen unde beschouwen
die liehten sîne vrouwen;
und alse er zuo z'ir nider gesaz
20 und redeten diz unde daz
von ir beider dingen,
er bat im trinken bringen.
Nu'n was dâ nieman inne
âne die küniginne
25 wan cleiniu juncvrouwelîn.
der einez sprach: 'seht, hie stât wîn
in disem vezzelîne.'
nein, ez'n was niht mit wîne,
doch ez ime gelîch wære,
30 ez was diu wernde swære,
diu endelôse herzenôt,
von der si beide lâgen tôt.
nu was aber ir daz unrekant:
si stuont ûf und gie hin zehant,
35 dâ daz tranc und daz glas
verborgen unde behalten was.
Tristande ir meister bôt si daz:
er bôt Îsôte vürbaz.
si tranc ungerne und über lanc
40 und gap dô Tristand' unde er tranc
und wânden beide ez wære wîn.
iemitten gienc ouch Brangæn' în
unde erkande daz glas
und sach wol, waz der rede was:
45 si erschrac sô sêre unde erkam,
daz ez ir alle ir craft benam
und wart reht alse ein tôte var.
mit tôtem herzen gie si dar;
si nam daz leide veige vaz,

49

si truoc ez dannen und warf daz
in den tobenden wilden sê:
'ôwê mir armen!' sprach s' 'ôwê,
daz ich zer werlde ie wart geborn!
ich arme, wie hân ich verlorn
mîn' êre und mîne triuwe!
daz ez got iemer riuwe
daz ich an dise reise ie kam,
daz mich der tôt dô niht ennam,
dô ich an dise veige vart
mit Îsôt' ie bescheiden wart!
ouwê Tristan unde Îsôt,
diz tranc ist iuwer beider tôt!'

20   RUDOLF VON EMS

DER GUOTE GÊRHART

Lines 3979–4009. The King of England and his bride are parted in a
shipwreck.

dô wir ze lande solten varn,
dô began sich zuo mir scharn
ungemüete und hôhez leit.
jâmer, nôt und arbeit
5 diu sint mir stæte bî gewesen.
ich bin von jâmer ungenesen,
wan ich daz grœste ungemach
daz vor mir ieman geschach
muoste dulden unde spehen,
10 dô ich ze rehte solde sehen
mit jâmer an uns beiden
vil riuweclîchez scheiden
und lieber vriunde grôze nôt,
die ich lîden sach den tôt.
15 Ditz geschach als ich iu sage.
ûf dem mer an einem tage
wurden starke winde grôz.
mîn schif an ein gebirge vlôz,
daz in vil grôzer wilde schein.
20 uns warf der wint an einen stein,
daz unser schif ze stucken brast.

ich sach daz manic werder gast
bî mir ûf dem mere versanc.
mîn here alsô gar ertranc
25 daz ein man dâ niht genas
der mit mir dar komen was.
dô mîn schif sich gar zerlie,
eine barken ich gevie,
diu truoc mich hinz an daz lant.
30 dannoch was mir unbekant
war mîn vil liebiu vrowe kam.

Stanzas 1828–1847. Hagen and Volker guard the sleeping Nibelungen from attack by Kriemhild's men.

'Nu lâzet iuwer sorgen', sprach Hagene der degen.
'ich wil noch hînte selbe der schiltwahte pflegen.
ich trûwe uns wol behüeten unz uns kumet der tac.
des sît gar ân' angest: so genese danne swer der mac.'

5 Dô nigen si im alle und sagten im des danc.
si giengen zuo den betten. diu wîle was niht lanc
daz sich geleget hêten die wætlîchen man.
Hagene der küene der helt sich wâfen began.

Dô sprach der videlære, Volkêr der degen:
10 'versmâhetez iu niht, Hagene, sô wolde ich mit iu pflegen
der schiltwahte hînte unz morgen fruo.'
der helt vil minneclîche dancte Volkêre duo.

'Nu lôn' iu got von himele, vil lieber Volkêr.
z'allen mînen sorgen son' gerte ich niemens mêr,
15 niwan iuch aleine, swâ ich hete nôt.
ich sol ez wol verdienen, mich enwendes der tôt.'

Dô garten si sich beide in liehtez ir gewant.
dô nam ir ietwedere den schilt an sîne hant,
und giengen ûz dem hûse für die tür stân.
20 dô pflâgen si der geste, daz was mit triuwen getân.

Volkêr der snelle, zuo des sales want
sînen schilt den guoten leint' er von der hant.
dô gie er hin widere, die videln er genam.
dô diente er sînen friunden als ez dem helde gezam.

25 Under die tür des hûses saz er ûf den stein.
küener videlære wart nie dehein.
dô im der seiten dœnen sô süezlîch erklanc,
die stolzen ellenden sagtens Volkêren danc.

Dô klungen sîne seiten daz al daz hûs erdôz.
30 sîn ellen zuo der fuoge diu beidiu wâren grôz.
süezer unde senfter videlen er began:
do entswebte er an den betten vil manegen sorgenden man.

Dô si entslâfen wâren   und er daz ervant,
dô nam der degen widere   den schilt an die hant,
35 und gie ûz dem gademe   für die tür stân,
und huote der ellenden   vor den Kriemhilde man.

Des nahtes wol enmitten,   ine weiz iz ê geschach,
daz Volkêr der küene   einen helm schînen sach
verre ûz einer vinster.   die Kriemhilde man
40 die wolden an den gesten   schaden gerne hân getân.

Dô sprach der videlære: 'friunt her Hagene,
uns zimet disiu sorge   ensamt ze tragene.
ich sihe gewâfent liute   vor dem hûse stên.
als ich mich versinne,   ich wæne si wellent uns bestên.'

45 'So swîget', sprach dô Hagene,   'lât se uns her nâher baz.
ê si unser werden innen,   sô wirt hie helmvaz
verrucket mit den swerten   von unser zweier hant.
si werdent Kriemhilde   hin wider übele gesant.'

Ein der Hiunen recken   vil schiere daz gesach,
50 daz diu tür was behüetet.   wie balde er dô sprach:
'des wir dâ heten willen,   jan' mag es niht ergân.
ich sihe den videlære   an der schiltwahte stân.

Der treit ûf sînem houbte   einen helm glanz,
lûter unde herte,   starc unde ganz.
55 ouch lohent im die ringe   sam daz fiwer tuot.
bî im stêt ouch Hagene: des sint die geste wol behuot.'

Zehant si kêrten widere.   dô Volkêr daz ersach,
wider sînen gesellen   er zorneclîchen sprach:
'nu lât mich zuo den recken   von dem hûse gân.
60 ich wil vrâgen mære   der vrouwen Kriemhilde man.'

'Nein durch mîne liebe',   sprach dô Hagene.
'komt ir von dem hûse,   die snellen degene
bringent iuch mit swerten   vil lîhte in sölhe nôt,
daz ich iu müese helfen,   wærez aller mîner mâge tôt.

65 Sô wir danne beide   kœmen in den strît,
ir zwêne oder viere   in einer kurzen zît
sprungen zuo dem hûse   und tæten uns diu leit
an den slâfenden,   diu nimmer würden verkleit.'

53

Dô sprach aber Volkêr: 'sô lât doch daz geschehen,
70 daz wir si bringen innen daz ich si habe gesehen,
daz des iht haben lougen die Kriemhilde man,
daz si ungetriwelîche vil gerne hêten getân.'

Zehant dô rief in Volkêr hin engegene:
'wie gêt ir sus gewâfent, ir snellen degene?
75 welt ir schâchen rîten, ir Kriemhilde man?
dar sult ir mich ze helfe und mînen hergesellen hân.'

Des antwurte im niemen. zornec was sîn muot:
'pfî, ir zagen bœse', sprach der helt guot,
'wolt ir slâfende uns ermordet hân?
80 daz ist sô guoten helden noch vil selten her getân.'

The texts in Part II are from the following editions:

1, 2, 4, 5, 6, 7:   *Des Minnesangs Frühling:* K. Lachmann — C. von Kraus, Stuttgart, 1965.

3:   *Texte zur Geschichte des Deutschen Tageliedes:* E. Scheunemann — F. Ranke, Bern, 1947.

8, 9, 10, 12, 13:   *Walther von der Vogelweide: Gedichte:* M. Wehrli, Bern, 1950.

11:   *Walther von der Vogelweide: Gedichte:* H. Paul — A. Leitzmann — H. Kuhn, Tübingen, 1959.

14:   *Bescheidenheit:* H. Bezzenberger, Halle, 1872.

15:   *Erec:* A. Leitzmann — L. Wolff, Tübingen, 1963.

16:   *Der arme Heinrich:* F. Ranke, Basel, 1943.

17:   *Iwein:* G. Benecke — K. Lachmann — L. Wolff, Berlin, 1964.

18:   *Parzival:* A. Leitzmann — W. Deinert, Tübingen, 1961.

19:   *Tristan und Isold:* F. Ranke, Bern, 1946.

20:   *Der guote Gêrhart:* J. A. Asher, Tübingen, 1962. (See also *DVjs*, 38 and *Euphorion*, 59).

21:   *Das Nibelungenlied:* K. Bartsch — H. de Boor, Wiesbaden, 1961.

PART III VOCABULARY

The meanings given in the vocabulary are those valid for the contexts in which they occur in Part II. Not included in the vocabulary are most words whose spelling and meaning are close to those in present-day German.

w=weak; *s*=strong.

abe *adv.* off
ab(er) *adv.* again, but
al *adj.* all; *adv.* all, quite
allenthalben *adv.* everywhere
allez *adv.* always
almeistic *adj.* most
alrôt *adj.* all red
als(e) *adv.* so; *conj.* when, as, as if, as good as
alsô *adv.* thus, likewise, so
alsus *adv.* thus
alten *wv.* grow old
alze *adv.* too
anderswâ *adv.* elsewhere
an(e) *prep.* at, on, to, in, with, by, against, with regard to
ân(e) *prep.* without, apart from
ange *adv.* carefully
angestlîch *adj.* anxious
antwürten *wv.* answer
arbeit *sf.* suffering
armman *sm.* poor man
art *sm.* inborn nature

balt *adj.* unyielding
baneken *wv.* exercise
banekîe *sf.* exercise
bæte *see* biten
baz *adv.* better, more
bedenken *irreg. v. refl.* consider
beginnen *irreg. v.* begin
begunde(n) *see* beginnen
beherten *wv.* enforce, win
behüeten *wv.* guard
beide *adj. & pron.* both; beidiu, beide . . . unde both . . . and
bejagen *wv.* gain
bekennen *wv.* know
belîben *sv.I(a)* remain
benemen *sv.IV* take away

bergen *sv.III(b)* hide
bern *sv.IV* produce
bescheiden *sv.VII* assign
beschouwen *wv.* see
besliezen *sv.II(b)* lock
bestân, bestên *irreg.v.* remain, attack
betagen *wv.* remain
betrâgen *wv. (impers.)* be tedious; mich betrâget des it is tedious to me
betriegen *sv.II(a)* deceive, cheat
betrüeben *sv.III(a)* sadden
bettestat *sf.* bed
betwingen *sv.III(a)* defeat
bevinden *sv.III(a)* find out
bewarn *wv.* protect
bewinden *sv.III(a)* bind
bî *prep.* beside, with, by
birt *see* bern
biten *sv.V(b)* request, pray to
bliuclîch *adj.* shy
blôz *adj.* naked
blûc *adj.* shy
bluome *wm.* flower
boge *wm.* bow
bölzelîn *sn.* little arrow
bœse *adj.* wicked
bresten *sv.IV* break
brief *sm.* letter, document
brœde *adj.* frail
brüstelîn *sn.* little breast
buhurt *sm.* tournament
buoze *sf.* penance
bûwen *wv.* till

dâ *adv.* there; *conj.* where; *see* 5.2
dahte *see* decken
dâhte *see* denken
danne *adv.* then; *conj.* than
dannen *adv.* away
dannoch *adv.* however
dar *adv.* thither, there; dar inn where; dar under at the same time; dar zuo also; *see* 5.2

55

decken *wv.* cover
degen *sm.* warrior
dehein *adj.* no, any
deich = daz ich
deist = daz ist
deiz = daz daz
denken *irreg.v.* think
der, diu, daz *see* 2.1, 5.3.1, 5.6
derst = der ist
des *adv.* therefore, with regard to this
desn = des ne
deste *adv.* so much the
dicke *adv.* often
diech = die ich
dîn *see* 2.3, 5.1
dinc *sn.* thing, matter, affair
ding- *see* dinc
dirre *see* diser
dirz = dir ez
diser, disiu, di(t)z(e) *adj. & pron.* this
di(t)z(e) *see* diser
diu *see* der; diu wellent scheiden
(*neut. referring to wds. of diff.
gender*) (they) wish to part
do, dô, duo *adv.* then, there; *conj.*
when
dœnen *wv.* sound
do'r = do er
dörpellich *adj.* peasant
drîe (*m. & f.*), driu (*n.*) *num.* three
drinne *adv.* inside it
dun = du en
dunken *irreg.v.* (*impers.*) seem; **mich
dunket** it seems to me
duo *see* do
dur(ch) *prep.* through, because of
durfen *irreg.v.* need
duz = du ez

ê *adv. & conj.* before, rather than
eime = einem
ein *art.* a, an; *pron. & num.* one; **eine**
adj. decl.w. alone; *see* 2.2
ellen *sn.* valour
ellende *adj.* far from home
(e)n- *see* 8.1, 8.3
enbern *sv.IV* (*with gen.*) do without
enbîzen *sv.I(a)* eat
endecken *wv.* uncover
engegene *adv.* towards
engên *irreg.v.* leave
enmitten *adv.* in the middle
enpfallen *sv.VII* vanish
enpfâ(he)n *irreg.v.* receive
ensamt *adv.* together
entslâfen *sv.VII* fall asleep
entsweben *wv.* lull to sleep
entwâfenen *wv.* take the weapons
from
entwonen *wv.* be weaned
enwendes = en wende es
erbeiten *wv.* (*with gen.*) await

erbieten *sv.II(b)* offer; **ez erbieten**
entertain
erdiezen *sv.II(b)* ring out
êre *sf.* honour, glory; **zêren bringen**
train to be honourable
ergân *irreg.v.* happen, fare
ergrîfen *sv.I(a)* gain
erkomen *irreg.v.* be startled
erlœsen *wv.* release
ernenden *wv.* venture
ersehen, ersên *sv.V(a)* see; **sich bî . . .
ersên** feast one's eyes on
erstrecken *wv.* swell
ervinden *sv.III(a)* perceive
erweln *wv.* choose
erwenden *wv.* prevent
erwerben *sv.III(b)* gain
es *see* 5.1
eteswenne *adv.* sometimes
êweclîchen *adv.* eternally
ez *see* 5.1
ezn = ez en
ezzen *sv.V(a)* eat

f *see* v

gâch *adj.* hasty
gadem *sn.* room
galle *wf.* gall
gân, gên *irreg.v.* go, walk
ganz *adj.* total, undamaged
gar *adv.* wholly
garten *see* gerwen
gebærde *sf.* demeanour
gebâren *wv.* behave; **als ich gebâre** as
my behaviour would indicate
geben *sv.V(a)* give
gebende *sn.* head-dress
gebieten *sv.II(b)* command
gebirge *sn.* high rocks
gebiten *sv.V(b)* request
geborgen *see* bergen
gedenken *irreg.v.* (*with gen.*) think,
remember, express one's thoughts
gegân *see* gân
gegeben *sv.V(a)* give
gehœren *wv.* hear
geleit = geleget
geleite *sn.* protection
gelenden *wv.* arrive
gelîch *adj.* equal, like, similar
gelîche *adv.* in like manner, with one
accord
geliep *sn. plur.* lovers
geligen *sv.V(b)* lie (down)
geliuhten *wv.* gleam
gelogen *see* liegen
gelücke *sn.* success
gelust *sm.* desire
gemahel *wf. & sm.* bride(groom)
gemüete *sn.* disposition

56

gemuot *adj.* minded; **wol gemuot** happy
gên *see* gân
genemen *sv.IV* take
genesen *sv.V(a)* survive
genuoc *pron.* enough
gerich *sn.* revenge; **gerich kêren** inflict punishment
gern *wv. (with gen.)* want
gerte *sf.* rod
gerwen *wv.* prepare
gesach *see* gesehen
gesagen *wv.* say
geschehen *sv.V(a)* happen, fall to one's lot
gesehen *sv.V(a)* look, see
gesîn *irreg.v.* be
gesinde *sn.* retinue
gesitzen *sv.V(b)* sit (down)
geslaht *adj.* formed
gesmogen *see* smîegen
gesogen *see* sûgen
gesorgen *wv.* feel sorrow
gespile *wm.* playmate
gesprechen *sv.IV* speak
gestên *irreg.v.* stand
gê(t) *see* gân
getreffen *sv.IV* strike
getriuten *wv.* care for
getriuwe *adj.* trustworthy
getrœsten *wv.* comfort
getuon *irreg.v.* do
gevallen *sv.VII* please
gevân *irreg.v.* obtain
gevaren *sv.VI* go
gevelt *see* gevallen
gevidere *sn.* feathers
gevie *see* gevân
geflêhen *wv.* entreat
gewant *sn.* armour
gewar *adj.* aware
gewinnen *sv.III(a)* gain; **vür sich gewinnen** summon
gezamen *wv.* tame
gezemen *sv.IV (with dat. of person)* befit; *(impers.)* please; **mich gezimt des** that pleases me
gie(nc), gieng(en) *see* gân
giht *see* jehen
gi(s)t *see* geben
glanz *adj.* gleaming
glesîn *adj.* glass
gouch *sm.* fool
grâ *adj.* grey
grâw- *see* grâ
grîfen *sv.I(a)* seize
grôz *adj.* great
grüene *adj.* green
grüezen *wv.* greet
guldîn *adj.* golden
gülte *sf.* debt
gunêren *wv.* sully
gunnen *irreg.v.* grant

guot *adj.* good; *sn.* wealth, good, good things; **für guot haben** take in good part

habe *sf.* harbour
haben, hân *irreg.v.* have, esteem; **habet iuch an der witze kraft** use your wits
hâ(he)n *irreg.v.* hang
haz *sm.* ill-will
hazzen *wv.* dislike
heben *irreg.v.refl.* go up, begin
helmvaz *sn.* helmet
heln *sv.IV* conceal
her *adv.* hither(to)
her, hêrre *wm.* lord
here *sn.* company
hêre *adj.* noble; **hêre frouwe** Holy Virgin!
hereberge *sf.* resting-place
hergeselle *wm.* comrade
herte *adj.* hard
herzeleit *sn.* grief
herzeliep *adj.* beloved; *sn.* dear love
herzenlîche *adv.* sincerely
herzenôt *sf.* anguish
het(e), hêt(e) *see* haben
hie *adv.* here; **hie mite** meanwhile; **hie vor** formerly
hinden *adv.* from behind
hinder *prep.* behind; **hinder sich** backwards
hinnan, hinnen *adv.* away
hinne *adv.* away
hînte *adv.* tonight
hinz *prep.* to; **hinz an** to
Hiune *wm.* Hun
hiute *adv.* today
hôhe *adv.* high
hôhgemuot *adj.* arrogant
hold- *see* holt
holt *adj.* in love
houb(e)t *sn.* head
hovelîchen *adv.* in a courtly manner
hövesch *adj.* courtly
hüeten *wv. (with gen.)* guard, watch over, take care with
hulde *sf.* favour, grace
huobe *wf.* piece of land
huon *sn.* hen
huop *see* heben
hûs *sn.* building, castle

ichn = ich en
ie *adv.* ever, always
ieman, iemen *pron.* anyone
iemer *adv.* ever
iemitten *adv.* meanwhile; **iemitten daz** at the very time when
ietweder *pron.* each

57

iht *adv.* not; *pron.* anything
im(e) *see* 5.1
immer *adv.* ever, never
in *pron. see* 5.1
in *prep.* in(to)
în *adv.* in
ine=ich ne
innân *adv.* inwardly
inn(e) *prep.* in
inn`clîche(n) *adv.* deeply, inwardly
innen *adv.* within; innen bringen make aware; innen werden perceive
ir *see* 2.3, 5.1
îsen *sn.* iron
iu *see* 5.1
iuch *see* 5.1
iuwer *see* 2.3, 5.1
iz, ez *pron.* it
i'z=ich ez
izzet *see* ezzen

jâhen *see* jehen
jæmerlîch *adj.* lamentable
jæmerlîche *adv.* lamentably
jan'=ja ne
jehen *sv.V(a)* say; giht says
joch *conj.* and
junc *adj.* young; jungest *adv.* the last time
juncvrouwelîn *sn.* young lady-in-waiting

kalp *sn.* calf
kaphen *wv.* gaze
kelber *see* kalp
kêren *wv.* turn; *refl.* turn
kiel *sm.* ship
kiesen *sv.II(b)* choose
kint *sn.* child, young person
klâr *adj.* handsome
klingen *sv.III(a)* sound
knappe *wm.* boy
komen *irreg.v.* come
kond *see* kunnen
krâ *sf.* crow
krebz *sm.* crab
kreftic *adj.* strong
kristenman *sm.* Christian
kriuze *sn.* cross
küene *adj.* bold
kûme *adv.* scarcely
kum(e)t *see* komen
kund(e) *see* kunnen
kündic *adj.* familiar
künec, künic *sm.* king
küneclîch *adj.* royal
künegîn, künegin(ne), küniginne *sf.* queen
künicrîche *sn.* kingdom
kunnen *irreg.v.* can
kuster=kuste er

lâge *sf.* snares
lân, lâzen *sv.VII* let, leave, cease
laster *sn.* shame
legen *wv.* lay (down), place
leid- *see* leit
leinen *wv.* lean
leit *adj.* painful, dreadful; *sn.* pain, injury, sorrow
leite=legete
lî, lie *see* lân
lîden *sv.I(a)* suffer
lieb- *see* liep
liebe *sf.* love, lovableness
liegen *sv.II(a)* tell a lie
lieht *adj.* bright, radiant; *sn.* light
liep *adj.* dear, lovable, pleasant; *sn.* joy
ligen *sv.V(b)* lie (down)
lîhen *sv.I(b)* lend
lîhte *adv.* easily
linde *wf.* lime-tree
lîp *sm.* body, life, person; an den lîp on pain of death
list *sm.* wisdom
liut *sn.* people
lobesam *adj.* praiseworthy
lohen *wv.* cast flame
lougen *sn.* denial
lût *adj.* loud; lût werden mention
lûter *adj.* bright
lützel *adj. & pron.* little

mac, mag *see* mugen
mâc *sm.* relative
mâg- *see* mâc
magenkraft *sf.* power
maget *sf.* girl
maht *see* mugen
mâne *wm.* moon
manec, manic *adj.* many a, much
man(e)g- *see* manec
manheit *sf.* courage
mänlich *pron.* everyone
mære *sn.* tidings, explanation
mâze *sf.* value
mê, mêr(e) *adv.* more, also, again
megede *see* maget
meisterschaft *sf.* strength
mer *sn.* sea
mêr(e) *see* mê
michel *adj.* great
mîn *see* 2.3, 5.1
minneclîche *adv.* sincerely
minnen *wv.* love
minre *adj.* less
mirz=mir daz
mit(e) *prep.* with
müen *wv.* grieve
müezen *irreg.v.* must, may; *see* 6.1.1
mugen *irreg.v.* can, wish; muge wir (-n *of v. occas. dropped before* wir) we can

muost(e), muoz *see* müezen
muot *sm.* spirit, heart, wish

nâch *prep.* after, for, towards; *adv.*
    nearly
naht *sf.* night
nam *wm.* name
-n(e) *see* **8**.1, **8**.3
nemen *sv.IV* take
nider(e) *adv.* low, down
nidersich *adv.* down
nieman, niemen *pron.* nobody
niemer *adv.* never
niene *adv.* not
nîgen *sv.I(a)* bow
niht *adv.* not; *pron.* nothing
nim *see* nemen
nît *sm.* envy
ni(u)wan *adv.* only
niuwe *adj.* new
nôt *sf.* distress, need, danger
nôtic *adj.* needy
nu, nû *adv.* now

ob *prep.* above
ob *conj.* if, whether
och *see* o(u)ch
ode(r) *conj.* or
offenbâre *adv.* publicly
ohse *wm.* ox
ôre *wn.* ear
o(u)ch *adv.* also
ouwe *sf.* meadow
o(u)wê, ôwê *int.* alas

pfî *int.* fie
pfingestac *sm.* Whit Sunday
pflegen, phlegen *sv.V(a)* (*with gen.*)
    care for, watch over, do
plân *sm.*, plâne *sf.* meadow
prîsen *wv.* praise

recke *wm.* warrior
rede *sf.* story, words, matter
reht *adj.* right, real; *sn.* justice, right;
    von rehte, ze rehte rightly, truly
reht(e) *adv.* just, right(ly)
reine *adj.* perfect
rîch *adj.* rich
rîche *adv.* richly
rieme *wm.* jess
rigel *sm.* bolt
rinc *sm.* ring of chain mail
ring- *see* rinc
rîten *sv.I(a)* ride
riuten *wv.* make arable
riuweclîch *adj.* sorrowful
riuwen *sv.II (a)* move to sorrow
rivier *sm.* stream

roufen *wv. refl.* tear one's hair
rüefestu=rüefest du
ruochen *wv.* deign
ruofen *sv.VII* call
ruowe *sf.* rest

s'=s(i)(e)
sach *see* sehen
sache *sf.* stuff
sal *sm.* building
sælde *sf.* heavenly bliss
sælic *adj.* blessed, happy
sam *conj.* as
sament *prep.* with
sanfte *adv.* gently
satzt *see* setzen
sâze *sf.* ambush
schaben *sv.VI* erase
schâchen *wv.* rob
schal *sm.* sound
schalchaft *adj.* wicked
schalten *sv.VII* push
schamen *wv. refl.* be ashamed
schamic *adj.* bashful
schar *sf.* company
scharn *wv. refl.* throng
scheiden *sv.VII* part, settle
schielte *see* schalten
schiere *adv.* soon
schiezen *sv.II(b)* shoot, throw a spear
schiltwahte *sf.* guard
schîn *sm.* shine
schînen *sv.I(a)* seem, appear, gleam
schône *adv.* beautifully
schœne *adj.* beautiful; *sf.* beauty
scho(u)wen *wv.* see, look
schôz *sm.* lap
schrîn *sm.* chest
schuldic *adj.* indebted
schuzzen *see* schiezen
se=s(i)(e)
sehen *sv.V(a)* see, look; sich (*second
    pers. sing. imper.*) look
seite *wf.* string
seitspil *sn.* string-music
selp *adj. & pron.* same, self
senen *wv.* be love-sick
senfter *adv.* more softly
sêre *adv.* much, pressingly
setzen *wv.* put
sich *pron.* himself, herself, itself,
    themselves
sich *see* sehen
sîdîn *adj.* silken
s(i)(e), sî *pron. see* **5**.1
sige *sm.* victory
sigenunft *sf.* victory
sihe *see* sehen
sîme=sînem
sin *sm.* mind
sin=si en
sîn *irreg.v.* be

sîn *adj. & pron. see* **2.3, 2.4.2, 5.1**
sis=si es
sît *adv.* afterwards, since; *conj.* since
site *sm.* custom, behaviour
sitzen *sv.V(b)* sit
slac *sm.* blow
slâf *sm.* sleep
slâfen *sv.VII* sleep
slahen *sv.VI* strike
slüzzelîn *sn.* little key
smiegen *sv.II(a)* press
snê *sm.* snow
snel *adj.* swift
snîden *sv.I(a)* cut
so, sô *adv.* so, then; *conj.* when, if, as
solde *see* suln
soldenære *sm.* mercenary
solh, sölh *adj.* such
solt *sm.* reward
solt(e) *see* suln
son, son'=so ne
sorge *sf. & wf.* care, danger
spehen *wv.* gaze at, see
spil *sn.* entertainment
spot *sm.* mockery; ze spotte insincerely
stân, stên *irreg.v.* stand, suit
stat *sf.* place
stæte *adv.* constantly; *sf.* constancy
stætekeit *sf.* constancy
stên *see* stân
stê(t) *see* stân
stîc *sm.* path
stîg *see* stîc
stôzen *sv.VII* push
strâze *sf.* road
strîchen *sv.I(a)* speed
strît *sm.* battle, combat, dispute
strîten *sv.I(a)* struggle
stunt *sf.* time; tages tûsent stunt a thousand times a day
stuont *see* stân
süeze *adj.* sweet; *sf.* sweetness
süezer *adv.* more sweetly
süezlîch *adv.* sweetly
sûgen *sv.II(a)* suck
süle *see* suln
suln *irreg.v.* should, must, owe; *see* 6.1.1
summer *sm.* drumming
sun *sm.* son
sunder *prep.* without
suoze *adv.* sweetly
sus *adv.* thus, in this way
swâ *conj.* wherever
swach *adj.* little
swar *conj.* wherever
swære *adj.* painful; *sf.* suffering
swaz *pron.* whatever
sweben *wv.* float
swenne *conj.* whenever
swer *pron.* whoever, he who, if anyone

swern *irreg.v.* swear
swie *conj.* however
swîgen *sv.I(a)* be silent

tagen *wv.* dawn
tal *sn.* valley; ze tal down
tandaradei *int.* tandaradei
tæt(e) *see* tuon
tiure *adj.* excellent
torstest *see* turren
tougen *adv.* privately
trâge *adv.* listlessly
træge *adj.* listless
tragen *sv.VI* bear, wear
trân *sm.* tear
treit *see* tragen
triegen *sv.II(a)* deceive
triun, trûwen *wv.* believe
triuwe *sf.* loyalty
trouc *see* triegen
troumen *wv.* dream
truoc, truog *see* tragen
trûreclîchen *adv.* sadly
trûren *wv.* mourn
trût *sm.* darling
trûte *see* triun
trûwen *see* triun
tugen *irreg.v.* be fit for
tumb- *see* tump
tump *adj.* foolish
tumpheit *sf.* lack of understanding
tuon *irreg.v.* do, act, make, do something; wol getân beautiful
turren *irreg.v.* dare
tûsentstunt *adv.* a thousand times
twahen *sv.VI* wash
twingen *sv.III(a)* press, force
twuoc *see* twahen

übel *adj.* bad
übele *adv.* in a bad state
übergulde *sf.* that which surpasses
übersehen *sv.V(a)* not see
ûf *prep.* on, in, to; *adv.* up
umbevâ(he)n, ummevâ(he)n *irreg.v.* embrace
undanc *sm.* ingratitude; haben undanc may they be confounded
und(e), unt *conj.* and
under *prep.* under, between; under ougen in the face
underwîlent *adv.* from time to time
unêren *wv.* dishonour
ungemach *sn.* misfortune
ungemüete *sn.* sorrow
ungenâde *sf.* disfavour, unkindness
ungenesen *adj.* not to be cured
ungetriwelîche *adv.* treacherously
ungeverte *sn.* rough going
ungewon(lich) *adj.* unaccustomed
unlanges *adv.* soon

unmære *adj.* of no importance
unrekant *adj.* unknown
unsenfte *adj.* harsh
unser *see* 2.3, 5.1
unsin *sm.* folly
unstæte *sf.* inconstancy
untriuwe *sf.* treachery
unz *prep. & conj.* until; unz an until
ûz *prep.* out of; *adv.* out
ûzen *adv.* outwardly

v & f

vâ(he)n *irreg.v.* catch
val *adj.* yellow
valke *wm.* falcon (occas. symbol for a lover)
vallen *sv.VII* fall
var *adj.* in colour
var *sf.* journey
varn *sv.VI* journey, go; varnde guot transient wealth
vart *sf.* journey; angestliche vart varn travel an anxious road
varwe *sf.* colour
vaste *adv.* strongly
vaz *sn.* vessel
vehten *sv.IV* fight
veige *adj.* fatal
verbern *sv.IV* give up, forbear
verbunnen *irreg.v.* (*with dat. of person*) prevent; verban prevents
verderben *sv.III(b)* be spoiled
verdienen *wv.* earn, repay
verdriezen *sv.II(b)* (*impers.*) grow tired of; mich verdriuzet des I grow tired of it
vergân *irreg.v.* pass by
vergeben *sv.V(a)* poison
vergelten *sv.III(b)* (re)pay
vergezzen *sv.V(a)* (*with gen.*) forget
verhouwen *sv.VII* hew down
verklagen *wv.* cease to lament
verlân *sv.VII* give up
verleiten *wv.* lead astray
verliesen *sv.II(b)* lose
vercesen *wv.* lay waste
verre *adv.* far away
verrücken *wv.* thrust awry
versinnen *sv.III(a)* *refl.* understand, reach the years of discretion
versmâhen *wv.* be objectionable
verstên *irreg.v.* understand
vert *see* varn
vertragen *sv.VI* endure
verwîzen *sv.I(a)* reproach
verzagen *wv.* despair
veste *adj.* strong; *sf.* stability
vezzelîn *sn.* little vessel
videl *wf.* fiddle
videlære *sm.* fiddler
videlen *wv.* play the fiddle

fier *adj.* proud
vil *adv.* most, very; *pron.* much, many
vingerlîn *sn.* ring
vinster *adj.* dark; *sf.* darkness
fiwer *sn.* fire
vleiz *see* vlîzen
fliegen *sv.II(a)* fly
vliezen *sv.II(b)* flow, run
flîz *sm.* diligence
vlîzen *sv.I(a)* *refl.* take pains
vlühtesal *sf.* refuge
volenden *wv.* complete
vreischen *sv.VII* find out
vreude, vröide, vröude *sf. & wf.* joy
vrî *adj.* free
friedel *sm.* lover
vriesche *see* vreischen
vriund- *see* vriunt
friundîn *sf.* love
vriunt *sm.* friend
frô *adj.* happy, glad
frô, vro(u)we *wf. & sf.* lady, dame
vröide, vröude *see* vreude
frömde *adj.* strange
vro(u)we *see* frô
vrouwîn *adj.* of ladies
frowelîn *sn.* maiden
fruo *adv.* early
füeren *wv.* take, wear
fuoge *sf.* artistry
vuor *see* varn
vuore *sf.* way of life
fuorte *see* füeren
fuoz *sm.* foot
vür *prep.* before, out of, in preference to, instead of
vürbaz *adv.* further

wa, wâ *conj.* where
wâfen *sn.* alarm; *wv.* arm
wan(d) *adv. & conj.* except, because, why not, if only
wânde(n) *see* wænen
wænen *wv.* imagine
war *adv. & conj.* whither
war *sf.* attention; war nemen observe
wâr *adj.* true, real; *sn.* truth; für wâr truly
wærez = wære ez
wart *see* werden
was *see* sîn
waste *sf.* clearing
wât *sf.* clothing
wætlîch *adj.* noble
waz *pron.* what
wê *sn.* pain; *int.* alas
welh *pron.* what
wellen *irreg.v.* wish; enwelle got may God forbid; *see* 6.1.1
welt(e), werlde, werlt(e) *sf.* world
wenden *wv.* direct, ascribe; (*with gen.*) prevent from

61

wenne *adv.* when
werd- *see* wert
werden *sv.III(b)* become, be
werdekeit *sf.* honour
werlde, werlt(e) *see* welt(e)
wern *wv.* last
wert *adj.* worthy
wes *see* waz
wessez=wesse ez *see* wizzen
wette *sn.* pledge
wider *prep.* to
wider(e) *adv.* back, again; wider varn
  fall to one's lot
widersagen *wv.* renounce
wîhen *wv.* consecrate
wilde *sf.* wilds, wild sea
wîle *sf.* time
wîlent *adv.* formerly
willeclîch *adj.* glad
wilt *see* wellen
wîn *sm.* wine
wîp *sn.* woman
wirde *see* werden
wîse *adj.* wise
wîz *adj.* white
wizzen *irreg.v.* know
wol *adv.* well, truly, right; *int.*
  hurrah; mir ist wol I am happy
wunderlich *adj.* strange
wunderlîchen *adv.* exceedingly
wünne *sf.* joy
wünneclîch, wünneclich *adj.* wonderful
wunt *adj.* wounded
würken *irreg.v.* work

zage *wm.* coward
zal *sf.* number
zart *sm.* tenderness
z(e), zuo, zuo z(e) *prep.* to, at, in(to),
  against, as well as; *adv.* too
zehant *adv.* at once, on the spot
zeinem=ze einem
zeiner=ze einer
zem=ze dem
zemen *sv.IV (with dat. of person)* befit
zer=ze der
zêren=ze êren
zergân *irreg.v.* perish
zerlân *sv.VII refl.* break up
zesamene *adv.* together
zeswellen *sv.III(b)* swell
ziehen *sv.II(b)* train; *refl.* withdraw
ziere *adj.* handsome
zîhen *sv.I(b)* accuse
zil *sn.* target
zim(e)t *see* zemen
zît *sf.* time
zôch *see* ziehen
zornec *adj.* angry
zorneclîchen *adv.* angrily
zuht *sf.* education
zunstæte=ze unstæte
zuo *see* z(e)
zwêne *(m.)*, zwô *(f.)*, zwei *(n.)* *num.*
  two
zwî *sn.* branch
zwîvel *sm.* doubt

INDEX

Numbers not preceded by p. refer to sections.